Prinzessin Tatiana von Griechenland
Diana Farr Louis

Zu Gast in

GRIECHENLAND

Rezepte, Küche & Kultur

teNeues

Inhaltsverzeichnis

Περιεχόμενα · Periehomena

Willkommen!

Καλώς ήρθατε · Kalos irthate

Essen spiegelt unsere Persönlichkeit, davon bin ich überzeugt: Was und wie wir es zu uns nehmen, drückt aus, welche Art von Leben wir anstreben. Der Umzug nach Griechenland, gemeinsam mit meinem Ehemann Prinz Nikolaos, bereicherte meine kulinarische Identität um ein neues Kapitel und veranlasste mich, noch einmal darüber nachzudenken wie „zu Hause" schmeckt. Vor allem lernte ich durch die griechische Küche, die zwar einfach, aber niemals einfältig ist, unprätentiös und dennoch verführerisch, ursprünglich und trotzdem offen für Neuerungen, eine ganz wichtige Lektion: Man muss nicht das eigentliche Wesen kaschieren oder hinter unnötigem Beiwerk verbergen. Das gilt in der Küche genauso wie im Leben.

Ein Schuss Olivenöl, eine Prise frisch gemörsertes Meersalz und ein Spritzer Zitronensaft – mehr braucht es nicht, um einem Gericht seine wahren Aromen zu entlocken und es zu einem einzigartigen Genuss zu machen. Dasselbe gilt für die Menschen: Wenn sie natürlich und unverstellt auftreten, können sie vor Persönlichkeit nur so sprühen, wobei es manchmal natürlich nicht schaden kann, wenn wir uns doch ein bisschen „aufpeppen".

In Griechenland ist das Essen ein fester Bestandteil der lokalen Kultur und nationalen Identität. Mahlzeiten bringen die Familie und Verwandtschaft an einem Tisch zusammen, schaffen soziale Bande und ein Gefühl der Zugehörigkeit. Mangelt es an Essen, tritt genau das Gegenteil ein: Den Menschen fehlt es nicht nur am Allernötigsten zum blanken Überleben, sondern sie fühlen sich zudem ausgegrenzt, weil sie nicht für sich und diejenigen, die ihnen nahestehen, sorgen können.

In den letzten Jahren hat sich die gemeinnützige griechische Organisation Boroume dafür eingesetzt, Menschen zu helfen, indem sie potenzielle Spender dazu brachte, überschüssiges Essen denen zur Verfügung zu stellen, die dringend darauf angewiesen sind. Als ich das erste Mal mit Boroume Verbindung aufnahm, beschloss ich sogleich, mich für diese Sache zu engagieren, die mir selbst ein so wichtiges Anliegen ist.

Seit ich die Projektleitung für dieses Buch übernommen habe, empfand ich diese Aufgabe als beglückende Erfahrung, die mich nicht nur mit einer begeisterten griechischen Gemeinschaft in Kontakt brachte, sondern mir auch die Gelegenheit gab, Menschen aus aller Welt zusammenzubringen, die Griechenland, seine Küche und Kultur genauso lieben wie ich selbst. Ich hoffe, dass dieses Buch so viele Herzen und Küchen wie möglich erwärmen und dass unsere gemeinsame Liebe noch weiter wachsen wird, indem wir sie miteinander teilen.

Aus tiefstem Herzen danke ich allen, die dazu beigetragen haben, dieses Buch ins Leben zu rufen – die Bereitschaft zur Mitwirkung und die Begeisterung für die Sache übertraf meine Erwartungen bei Weitem.

Tatiana Blatnik

Vorwort

Εισαγωγικό σημείωμα · Eisagogiko simeioma

Auf Boroume, die gemeinnützige griechische Organisation mit dem Motto „Saving lives by saving food", stieß ich im Februar 2012. Die Griechenlandkrise dauerte damals schon fast zwei Jahre und machte Schlagzeilen, doch wurde ein meiner Meinung nach unnötig düsteres Bild von der Lage gezeichnet. Ich konnte einfach nicht ertragen, was mit meiner Wahlheimat da passierte. Sicher war die unaufhörlich steigende Zahl der Arbeitslosen, Wohnungslosen und Hungrigen real, aber sie war nicht die ganze Wahrheit. Ich begann Artikel für die Huffington Post *zu schreiben, in denen ich versuchte, die Aufmerksamkeit der Menschen auf die positiven Seiten des Unglücks zu lenken – nämlich das, was die Griechen taten, um ihre Lage zu verbessern.*

In meinem ersten Artikel ging es um ein Obdachlosenasyl, in dem ein Freund von mir seit zehn Jahre in der Küche arbeitete. Als er anfing, waren fast alle, die dort eine Mahlzeit erhielten, Ausländer. Nun waren die meisten Hilfesuchenden Griechen – und ihre Zahl stieg von Woche zu Woche. Mein zweiter Artikel hatte die Hilfsorganisation Boroume zum Thema. Sie war damals noch kein Jahr alt, hatte jedoch für ihre Bemühungen um die Verteilung von noch genießbaren Lebensmitteln, die weggeworfen werden sollten, schon Aufmerksamkeit auf sich gezogen.

Mein erstes Interview mit Boroume-Gründerin Xenia Papastavrou fand in einem Café in Athen statt. Damals hatten sie und ihre Partner noch nicht einmal ein eigenes Büro, und sie arbeitete nach wie vor Vollzeit als Journalistin. „Ich war aktive Freiwillige der griechischen Tafel", erklärte sie mir, „und zerbrach mir den Kopf darüber, wie man die Verschwendung von Lebensmitteln verhindern könnte. Es wurde einfach viel zu viel Essen weggeworfen, dabei mussten zahlreiche Menschen Hunger leiden – und unsere Krise dauerte schon fast zwei Jahre. Schließlich entwickelte ich einen Plan, und am 3. Mai 2011, dem Geburtstag meines jüngsten Sohnes, fiel mir ein passender Name für das Projekt ein: Boroume – ‚Wir können'."
Die Idee war genial, denn sie fußte auf einer doppelten Strategie: Abfall zu verringern und Menschen zu helfen. Als ich Xenia im Januar 2012 traf, war sogar noch ein dritter Aspekt hinzugekommen. Sie und ihre Partner Alexander Theodorides und Alexia Moatsou hatten Boroume zu einer „Vermittlerin" zwischen denen, die Lebensmittel übrig hatten und denen, die sie benötigten, innerhalb eines oder benachbarter Viertel gemacht. Mit einem simplen Telefonanruf wurden Tavernen, Bäckereien, Gemüsehändler, Partyveranstalter und alle mit überschüssigen zubereiteten Speisen oder frischem Obst und Gemüse, das nicht verkauft oder am nächsten Tag verwertet werden konnte, mit Empfängern vor Ort zusammengebracht – Altenheimen, Waisenhäusern, Förderschulen und oder sogar einzelnen hilfsbedürftigen Familien. Sobald der Kontakt zustande gekommen war, holten die Empfänger die Lebensmittel ab und Boroume zog sich aus der Verbindung zurück. Ein schöner Nebeneffekt: das Gemeinschaftsgefühl wurde gestärkt, Nachbarn halfen Nachbarn.

Im Verlauf dieses ersten Interviews bemerkte ich sogleich Xenias Energie, Bescheidenheit und Hilfsbereitschaft. Ein Jahr später war ich wieder bei Boroume, um zu erfahren, wie sich die Dinge entwickelt hatten. Ich traf das Team in einem sonnigen Büro in einer Seitenstraße unweit des Hauptmarkts. Die Begeisterung aller war ansteckend. Sie erzählten mir von ihren Erfolgen, von der Ausweitung ihres Netzwerks über Athen hinaus auf das ganze Land, von Geldspenden aus Europa, Nord-, Mittel- und Südamerika, von Einzelpersonen, Unternehmen und sogar einem Züricher Kindergarten, der Geschenke für griechische Kinder gebastelt hatte. Es herrschte eine so gute Stimmung, dass ich beschloss, jedes Mal vorbeizuschauen, wenn ich Aufmunterung gebrauchen konnte.

Inzwischen hatte ich zwar aufgehört, für die Huffington Post zu schreiben, doch Xenia hielt mich weiter auf dem Laufenden. Wir wurden Facebook-Freunde und später auch Freunde im richtigen Leben, traten zusammen in Diane Kochilas TV-Kochshow auf und trafen uns gelegentlich. Sie erzählte mir von ihren Plänen, einen Gemüsegarten in einem Kinderheim anzulegen, Felder nach dem Abernten noch einmal auf Reste zu durchsuchen, ein Familienprogramm zu starten und, was sie als wichtiges Ziel wertete, eine große Supermarktkette davon zu überzeugen, unverkaufte Lebensmittel Nachbarschaftshilfen zukommen zu lassen. Im Mai 2015 erfuhr ich schließlich von ihrer Idee, dieses Kochbuch herauszubringen.

Es ging darum, bekannte Persönlichkeiten griechischer Herkunft und Griechenlandbegeisterte aus unterschiedlichsten Berufswelten zu gewinnen, die allesamt eine tief empfundene Liebe zu dem Land eint und die ihre Lieblingsrezepte zu dem Buch beisteuern würden. Eine relativ neue Bürgerin der Stadt, Tatiana Blatnik, die Ehefrau von Prinz Nikolaos von Griechenland, sollte das Projekt koordinieren. Sie habe, so erfuhr ich, sogar schon einen Verlag gewinnen können, teNeues in Deutschland, der das Buch veröffentlichen würde. Ob ich als Redakteurin dabeisein wolle?
Ich war geschmeichelt und begeistert zugleich. Endlich konnte ich mich in der Sache aktiv engagieren. Die Arbeit mit dem inspirierenden Boroume-Team und unseren Partnern in Deutschland war mehr Spaß als Arbeit und die (kaum nötige) redaktionelle Bearbeitung der Beiträge eine großartige Erfahrung. Schon allein beim Lesen habe ich mich immer wieder Hals über Kopf in Griechenland verliebt. Tatsächlich wollte unser Team das Buch ursprünglich Aus Liebe zu Griechenland nennen. Denn Liebe ist hier die wichtigste Zutat. Wir hoffen Sie spüren beim Lesen und Nachkochen der vorgestellten traditionellen wie innovativen Rezepte, wie sehr das Land unsere Rezeptautoren berührt. Mit dem Kauf des Buches werden Sie Teil der Kampagne von Boroume gegen Lebensmittelverschwendung und Hunger, was jedes Gericht noch schmackhafter machen sollte. Sie kochen jetzt also für Griechenland. Bei Redaktionsschluss sagte Xenia zu mir: „Für mich ist das Besondere an Boroume nicht nur die Tatsache, dass täglich Tausende Essensportionen vor dem Wegwerfen gerettet und gespendet werden, sondern vor allem die Art und Weise, wie die Organisation das schafft. Wir sind nicht bloß eine erfolgreiche Initiative, die mit Lebensmitteln aushilft, sondern wir gehen das Problem der Nahrungsmittelverschwendung völlig neu an!"

Diana Farr Louis

Brief von Boroume

Επιστολή από το Μπορούμε · Epistoli apo to Boroume

Boroume ist die einzige gemeinnützige Hilfsorganisation in Griechenland, die sich gegen die Verschwendung von Lebensmitteln einsetzt und sich gleichzeitig die Bekämpfung von Unterernährung zum Ziel gemacht hat. Wir nehmen Lebensmittel von zahlreichen Spendern entgegen und leiten sie an Hilfsorganisationen im ganzen Land weiter.

Dabei haben wir uns vom „klassischen" Modell der Einlagerung von Lebensmitteln mit allen damit verbundenen hohen Logistikkosten gelöst und das Konzept revolutioniert. Wir können jedes Nahrungsmittel an fast jedem Ort „retten" und es direkt an jene weitergeben, die es brauchen – zu einem Bruchteil der Kosten, die mit dem traditionellen Modell verbunden wären. Wir schaffen eine direkte Verbindung zwischen einem Spender und der nächstgelegenen gemeinnützigen Organisation und koordinieren die Abholung der Spende durch die Organisation selbst. Dadurch wird die Weiterleitung übrig gebliebener Lebensmittel an Bedürftige ein unkomplizierter, umfassender Prozess.

Alles begann Ende 2011 mit der Spende von zwölf Käsetaschen aus einer Bäckerei im Zentrum von Athen an eine Suppenküche in der Nähe. Im Februar 2016 konnten wir über sechs Millionen vermittelte Portionen feiern. Inzwischen haben wir einige Tausend unterschiedliche Spender, die mehr als 600 gemeinnützige Lokalorganisationen in ganz Griechenland beliefern. 2016 liegt das Verhältnis von Betriebskosten zu nicht weggeworfenen, gespendeten Portionen bei 1 Euro für 22 Portionen. Mit anderen Worten: Mit jedem Euro, der als Spende an Boroume geht, werden 22 eigentlich für den Mülleimer bestimmte Lebensmittelportionen zu wertvoller Unterstützung für Bedürftige.

Das betrifft nicht nur unser Verteilernetz, sondern auch alle zusätzlichen Boroume-Programme, die wir inzwischen im Rahmen unseres ganzheitlichen Ansatzes zur Nutzung überschüssiger Lebensmittel und Unterstützung von Menschen in Not ins Leben gerufen haben.

Dazu zählen Initiativen wie die Aufklärungskampagnen gegen Nahrungsmittelverschwendung „Stop Food Waste," „Boroume at School" und „Boroume in the Neighborhood", aber auch Kampagnen, die auf die gesamte Nahrungsmittelkette abzielen, etwa „Boroume Gleaning" und „Boroume at the Farmer's Market". Dann ist da noch unser Programm „We Are Family", mit dem wir Geldspenden aus aller Welt verlustfrei zu 100 Prozent in Supermarktgutscheine für bedürftige, von Hunger bedrohte Familien umwandeln.

Derzeit werden durch Boroume täglich über 15.000 Lebensmittelportionen vor dem Wegwerfen gerettet und an bedürftige Empfänger weitergeleitet. Teil dieses Systems sind Einzelpersonen ebenso wie große Nahrungsmittelhersteller, Landwirte ebenso wie Bauern- und Supermärkte, kleine Nachbarschaftscafés ebenso wie große Café- und Bäckereiketten, ferner Unternehmen und gesellschaftliche Gruppen, die Reste von Veranstaltungen verwertet sehen wollen, Restaurants, Schulen, Hotels, Krankenhäuser, die Armee, ja, sogar andere gemeinnützige Organisationen, die selbst große Lebensmittelspenden bekommen haben, sie jedoch nicht vollständig weitergeben können.

In der Organisation steckt unser tief empfundener Wunsch, Menschen in Not zu helfen. Diese Hilfe wird möglich durch die Zusammenarbeit mit Partnern, Unterstützern und Freunden, denn Boroume handelt immer durch die Mitwirkung vieler. Unser Team besteht zu 90 Prozent aus Freiwilligen. Alle unsere Bemühungen um die Rettung und Weitergabe von Lebensmitteln basieren auf einer engen Zusammenarbeit mit Spendern und gemeinnützigen Empfängerorganisationen. Unsere Kosten werden durch Spendengelder von Stiftungen, Privatpersonen und Unternehmen gedeckt. Dieses Buch ist durchdrungen von der typischen Boroume-Philosophie und ein Ergebnis der Zusammenarbeit vieler ganz unterschiedlicher Menschen, die sich zum Ziel gesetzt haben, Menschen in Not in Griechenland zu helfen, und das Projekt durch ihre Mitwirkung möglich machen. Die Initialzündung gab im Sommer 2012 Gina Lionatos, eine Freundin mit griechischen und australischen Wurzeln, die etwas über Boroume gelesen hatte und unsere Sache unterstützen wollte. Das Projekt wurde nie verworfen, aber wegen dringenderer Angelegenheiten eine Zeit lang auf Eis gelegt. Im Winter 2015 begegneten wir zum ersten Mal Tatiana Blatnik. Sie hatte von unserer Organisation gehört und wollte uns unterstützen. Wir wussten sofort, dass wir die ideale Projektleiterin gefunden hatten, und begannen umgehend mit Beratungen. Sehr bald war teNeues als Verlag mit an Bord. Nicht lange überlegen mussten wir auch, wer unsere Herausgeberin sein sollte: Diana Farr Louis, die uns mit ihren Artikeln von Anfang an unterstützt hatte. Als Koordinator von Boroume kam nur Nick Politakis infrage, unser geschätzter Freiwilliger und Gründer von „Friends of Boroume" in den Vereinigten Staaten.

Mit großem Engagement konnten die zuvor Genannten viele bekannte Persönlichkeiten für unsere Sache begeistern, die uns nun unterstützen, indem sie uns ihre Geschichten und Rezepte zur Verfügung stellen.

Es ist beinahe nicht möglich, unsere Dankbarkeit für all die Unterstützung, die wir in den letzten Jahren und vor allem im Rahmen des vorliegenden Buchprojekts von all diesen Freunden erfahren haben, in Worte zu fassen. Die beste Art, Danke zu sagen, ist wohl, unsere Arbeit mit Begeisterung fortzuführen und das Leid vieler Menschen in Griechenland zu lindern, denen wir unbürokratisch und effizient das so dringend benötigte Essen zukommen lassen, das andere gespendet haben.

Alexander Theodoridis
Geschäftsführer

ANDREW & RACHEL DALBY

Andrew Dalby schreibt über die Geschichte von Ess- und Trinkkultur, insbesondere die Griechenlands.
Siren Feasts (1996, auf Deutsch Essen und Trinken im alten Griechenland) war sein erstes Buch.
Er übersetzte die Geoponika, eine im 10. Jahrhundert für den byzantinischen Kaiser geschaffene Sammlung
von Büchern über die Landwirtschaft, ins Englische (2010). Außerdem verfasste er Eleftherios Venizelos (2010),
eine Biografie, die das Wirken Venizelos' bei der Pariser Friedenskonferenz in den Mittelpunkt rückt.
Er lebt in Frankreich und besucht Griechenland, sooft er kann. Seine größte Schwäche: Er kocht nicht.
Rachel Dalby, Andrews Tochter, wuchs in England auf und lebt heute in Parikia auf Paros,
wo sie gemeinsam mit ihrem Partner das Café Marina sowie einen Supermarkt betreibt.
Sie hat keine Schwächen. Hier folgen drei ihrer Rezepte. Derzeit arbeiten Rachel und Andrew an
einer neuen Geschichte der griechischen Esskultur, die auch Rezepte beinhalten wird.

IHR GRIECHISCHES LIEBLINGSESSEN?

Keine Frage! Fisch, ganz frisch und einfach
zubereitet, direkt am Meer gegessen. Welcher Fisch?
Das hängt davon ab, welchen es gibt. Wenn ich hier
von Fisch spreche, dann denke ich dabei auch an einen
Tintenfisch, den der Inhaber eines Restaurants namens
Porphyra auf Paros einmal selbst gefangen, zubereitet
und mir aufgetischt hat. Er schmeckte ehrlicher
als jeder andere Tintenfisch, den ich je gegessen habe ...
so etwas wird mir wohl nie wieder unterkommen.
Inzwischen ist der Mann in Rente gegangen und nach
Epirus, in seine Heimat, zurückgekehrt.

WAS BEDEUTET GRIECHENLAND FÜR SIE?

Die Menschen, das Land, der Duft in den Hügeln, das
Meer und der Himmel, die im weiten Meer verstreuten
Inseln, jede von ihnen mit einem eigenen Charakter.
Das Essen natürlich. Aber vor allem die Menschen.

IHRE SCHÖNSTE ERINNERUNG AN GRIECHENLAND?

Ein Spaziergang auf Spetses. Ein Abendessen in
Agios Nikolaos auf Kreta. Eine lange, hitzige politische
Diskussion in der Brettos Distillery in Athen.
Ein Gespräch über Pontos (eine Seegottheit der
griechischen Mythologie) in der Bar des Sportcenters
in Thessaloniki. Eine Besichtigung von Pyrgi, einem
der Mastix-Dörfer auf Chios. Ein Ouzo am Hafen der
Stadt Naxos. Absolute Stille in Lefkes auf Paros.
Wie soll ich mich da bloß entscheiden?

Fastenkuchen mit Tahin

Ταχινόπιτα · Tahinopita

Dies ist ein Rezept der Bäckerei Ragoussis auf Paros. Da der Kuchen ohne Eier und Butter auskommt, gehört er zu den Favoriten in der orthodoxen Fastenzeit vor Ostern, wobei sich auch moustalevria (Traubenmostpudding) und ladopita (Grießkuchen) zwischen dem „Reinen Montag" und dem orthodoxen Karfreitag großer Beliebtheit erfreuen. Der hier vorgestellte Kuchen ist zart und fest zugleich und dabei herrlich saftig. Das Tahin vor der Verwendung gut durchrühren, da sich oft ein Teil des Öls absetzt.

1

Den Backofen auf 165 °C vorheizen. Eine rechteckige Backform (etwa 20 cm Kantenlänge) mit Backpapier auslegen und mit Olivenöl ausstreichen.

2

In einer großen Schüssel Wasser, Tahin und Zucker mit einem Schneebesen oder einem Löffel aus Metall verrühren. Mehl, Backpulver und gemahlene Nelken dazusieben, alles gründlich vermengen.

3

Die Masse in die vorbereitete Form gießen, glatt streichen und mit Sesam bestreuen. Für 45 bis 50 Min. in den Ofen schieben – der Kuchen ist gar, wenn an einem in die Mitte eingestochenen Holzstäbchen beim Herausziehen keine Teigreste mehr kleben. Falls der Kuchen zu schnell bräunt, ein Stück Alufolie lose darüberlegen. Den Kuchen in der Form auskühlen lassen, erst danach in Stücke schneiden und servieren.

Zutaten

* 170 ml Wasser
* 150 g Tahin (Sesammus)
* 200 g brauner Zucker
* 250 g Mehl
* ½ TL Backpulver
* ¼ TL gemahlene Gewürznelken
* Sesamsamen
* Olivenöl für die Form

Weißkohl mit Reis

Λαχανόρυζο · Lahanorizo

Mit diesem Gericht bekommt man zwei hungrige griechische Bauern satt, aber vielleicht auch vier Personen, wenn es dazu noch eine dicke Scheibe Feta und etwas geräuchertes oder gepökeltes Schweinefleisch (siglino pasto) oder Kochschinken gibt.

1

In einem großen Topf das Öl auf niedriger bis mittlerer Stufe erhitzen. Zwiebel und Möhren unter häufigem Rühren mindestens 10 Min. anschwitzen, bis die Zwiebel glasig ist. Den Kohl hinzufügen und durchmischen, bis alle Stücke vom Öl glänzen und das Gemüse nach etwa 5 Min. zusammenfällt. Das Wasser dazugießen und einmal aufkochen lassen, dann die Hitze verringern und den Reis untermischen. Nach Geschmack salzen und pfeffern, einen Deckel auflegen und das Ganze 20 Min. köcheln lassen. Die Reiskörner sollen zuletzt bis in den Kern weich sein, das Gemüse auf der Zunge zergehen und das Gericht sollte insgesamt sämig, aber nicht suppig sein – ungefähr wie ein saftiges Risotto.

2

Vom Herd nehmen und zugedeckt 10 Min. ruhen lassen. In eine Servierschüssel füllen, mit dem Zitronensaft beträufeln und auftischen.

i

Tipp: Zur Abwandlung 1 bis 2 große Löffel selbst hergestelltes oder fertig gekauftes Tomatenmark zum Kohl geben – so wird es gelegentlich auf der Peloponnes gemacht – oder auch, das wäre dann sehr makedonisch, 1 Handvoll weiche Dörrpflaumen ohne Stein unter den Reis mischen; für eine Geschmacksnote, wie man sie in Thrakien und auf den Ionischen Inseln schätzt, könnte man das Gericht zusätzlich mit ½ TL scharfem Rosenpaprika würzen.

Zutaten *(Für 2–4 Personen)*

* 5 EL natives Olivenöl extra
* 1 Zwiebel, gewürfelt
* 2 Möhren, geschält und in 2 cm große Stücke geschnitten
* ½ kleiner Weißkohl, vom Strunk befreit, geviertelt und grob gehackt
* 500 ml Wasser
* 200 g Arborio-Reis
* Salz und frisch gemahlener schwarzer Pfeffer
* Saft von ½ Zitrone, plus mehr nach Geschmack

Rinderschmortopf

Μοσχάρι κοκκινιστό · Moschari kokkinisto

Unter kokkinisto *versteht man in Griechenland eine Zubereitungsart, bei der die Zutaten in einer Rotwein-Tomaten-Sauce langsam schmoren. Jedes Fleisch eignet sich für dieses Gericht, aber auch Schnecken oder Froschschenkel sowie verschiedene Gemüsesorten und Hülsenfrüchte. Eine der bekanntesten Varianten der Peloponnes heißt* kokora kokkinisto. *Ihre Basis ist Hähnchenfleisch und sie wird mit* hilopites *(hausgemachte Eiernudeln) serviert.* Kokkinisto *ist einer von zwei griechischen Eintopfklassikern. Der andere ist der* lemonato *(mit Zitrone), in dem eben Zitronensaft und reichlich Olivenöl die Tomaten ersetzen und ein zartes Kraut – oft Dill – zusätzlich Würze beisteuert. Ein solches Gericht funktioniert nicht auf die Schnelle. Das Fleisch braucht Zeit, um sich zunächst zu festigen und dann langsam zu butterzarter Konsistenz zu schmoren. Kalkulieren Sie also eine Garzeit von 2 bis 3 Stunden ein. Wie so viele andere Gerichte auch wird* kokkinisto *selten ganz heiß direkt aus dem Ofen serviert, daher kann man schon frühzeitig mit der Zubereitung beginnen. Dazu passen gebratene Kartoffeln, Spaghetti oder Reis, vielleicht auch ein fein geschnittener grüner Salat.*

1

Das Öl in einem großen, weiten Topf mit schwerem Boden auf mittlerer bis großer Stufe erhitzen. Das Fleisch darin von allen Seiten hellbraun anbraten. Zwiebel und Knoblauch hinzufügen und etwas mehr Öl dazugeben, falls der Topfinhalt zu trocken ist. Alles unter gelegentlichem Rühren garen, bis die Zwiebel weich, aber noch nicht gebräunt ist. Passierte Tomaten, Wein, Tomatenmark und so viel Wasser in den Topf geben, sodass die Fleischstücke größtenteils bedeckt sind (nur die Spitzen sollten herausragen wie kleine Eisberge). Zimt, Zucker, Lorbeerblatt, Nelken und Chiliflocken dazugeben, das Ganze nach Geschmack salzen und pfeffern.

2

Einen Deckel auflegen und das Gericht 2 bis 3 Std. sanft köcheln lassen, bis das Fleisch ganz zart ist; dabei gelegentlich durchmischen und nach Bedarf mehr Wasser zugießen, falls das Ganze zu trocken wird. Die Sauce abschmecken, nach Belieben weiteren Zimt einrühren (er sollte deutlich zu schmecken sein, darf aber nicht alles andere übertönen). Servieren.

Zutaten *(Für 4 Personen)*

* 2 EL Olivenöl, plus mehr nach Bedarf
* 500 g Rindfleisch zum Schmoren (z.B. Nacken), gesäubert und in 3–4 cm große Stücke geschnitten
* 1 große Zwiebel, gewürfelt
* 2 Knoblauchzehen, in feine Scheiben geschnitten
* 425 ml passierte Tomaten (Flasche oder Dose)
* 150 ml kräftiger trockener Rotwein
* 1 TL Tomatenmark
* 1 TL gemahlener Zimt (oder 1 Zimtstange, einmal durchgebrochen) plus mehr Zimt nach Geschmack
* ½ TL Zucker
* 1 Lorbeerblatt
* 2 ganze Gewürznelken
* 1 Prise Chiliflocken oder 1 getrocknete Chilischote, zerrieben
* Salz und frisch gemahlener schwarzer Pfeffer

I. M. KÖNIGIN ANNE-MARIE

Königin Anne-Marie, ehemals Königin der Hellenen, wurde 1946 als jüngste Tochter von König Friedrich IX. und Prinzessin Ingrid von Schweden in Kopenhagen auf Schloss Amalienborg geboren. Sie besuchte Schulen in Dänemark und der Schweiz und spricht – neben Dänisch natürlich – fließend Griechisch, Englisch und Französisch. 1959 lernte sie in Kopenhagen den damaligen Kronprinzen Konstantin von Griechenland kennen.

Als König Paul I. im März 1964 nach kurzer Krankheit verstarb, folgte ihm sein Sohn Konstantin auf dem griechischen Thron. Später im selben Jahr heiratete König Konstantin Prinzessin Anne-Marie. Das Paar bekam fünf Kinder.

Mit großem zeitlichem Einsatz engagierte sich Anne-Marie als Königin von Griechenland bei verschiedenen Wohltätigkeitsorganisationen, die unter anderem Menschen in ländlichen Gebieten Griechenlands unterstützen und sich für den Erhalt traditioneller Handwerkskünste wie Stickerei und Weberei einsetzen.

Nach langen Jahren im Exil kehrten Konstantin und seine Ehefrau nach Griechenland zurück und ließen sich am Meer in Porto Heli nieder.

IHR GRIECHISCHES LIEBLINGSESSEN?

Was die griechische Küche zu bieten hat, ist einzigartig. Jedes Mal, wenn ich in Griechenland eine Tomate esse, bin ich begeistert von diesem ganz besonderen Aroma. Ebenso liebe ich die reiskornförmigen Nudeln, die als Orzo oder *kritharaki* bekannt sind und sich entweder heiß in einem *yiouvetsi* finden (siehe S. 122–125) oder auch im Sommer kalt in einem Salat mit reichlich frischem Dill und Gemüse. Ich liebe griechischen Joghurt, pur gegessen, griechischen Wildblütenhonig und all die heimischen Kräuter: Wer eine Tasse *tsai tou vounou* (Bergtee) trinkt, taucht ein in den Duft griechischer Hügellandschaften. Das Gemüse in Griechenland schmeckt, gegrillt oder als Salat, wundervoll frisch und ehrlich wie nirgendwo sonst. Zu meinen Lieblingsspeisen gehört der *horiatiki salata* (Bauernsalat, siehe S. 30). Hier haben wir ihn in eine erfrischende kalte Sommersuppe umgewandelt.

WAS BEDEUTET GRIECHENLAND FÜR SIE?

Alles. Griechenland ist ein sehr magischer Ort. Angefangen bei dem besonderen Licht bis hin zu den Menschen mit ihrem Mut und ihrer Liebe zu ihrem Land. Von Griechenland geht eine starke Anziehungskraft aus: Man möchte immer wieder hierher zurückkehren, und wenn man woanders ist, wird man mitunter von großer Sehnsucht geplagt.

IHRE SCHÖNSTE ERINNERUNG AN GRIECHENLAND?

Das ist natürlich meine Trauung. Aber ich habe so viele Erinnerungen. Zum Beispiel an die Goldene Hochzeit, die mein Mann und ich vor kurzem in Athen gefeiert haben. Es war für mich ein sehr emotionaler Tag, da all meine Kinder und Schwiegerkinder bei mir waren – es kam mir vor, als würde sich ein Kreis schließen. In der Kathedrale von Athen, in der wir seinerzeit auch getraut wurden, gab es eine kleine Segnungszeremonie. Dieses Ereignis werde ich nie vergessen, genau wie unsere Hochzeit damals.

Griechische Salat-Gazpacho

Κρύα σούπα χωριάτικης σαλάτας · Krya Soupa horiatikis salatas

1

Tomaten, Gurke, Paprikaschote und Zwiebel mit Öl und Essig in eine Küchenmaschine mit Häckselfunktion oder den Standmixer geben und fein zerhacken. Oregano und einige Basilikumblätter sowie Salz und Pfeffer nach Geschmack hinzufügen und das Ganze fertig pürieren – nach Belieben etwas gröber oder auch samtig glatt. Um eine klare Suppe ähnlich einer Consommé zu erhalten, die Mischung zuletzt durch ein feines Sieb streichen. In jedem Fall die Suppe vor dem Servieren für mindestens 1 Std. in den Kühlschrank stellen.

2

Die Suppe in Schalen anrichten und den Feta und die Oliven als Garnitur über die Suppe streuen; zuletzt noch etwas Olivenöl darüberträufeln und zerpflücktes Basilikum aufstreuen. Als Beigabe dazu das *paximadia* reichen.

Zutaten *(Für 4 Personen)*

* 800 g reife Tomaten, enthäutet, entkernt und gehackt
* 1 große Salatgurke, geschält, in Würfel geschnitten
* 1 grüne Paprikaschote, Kerne entfernt, gewürfelt
* 1 weiße Zwiebel, gewürfelt und 30 Min. in Eiswasser eingelegt
* 6 EL Olivenöl, plus mehr zum Beträufeln
* 1–2 EL Apfelessig
* ½ TL getrockneter Oregano
* Frische Basilikumblätter
* Salz und frisch gemahlener weißer Pfeffer
* 60 g Feta, zerbröckelt
* 2 EL entsteinte schwarze Oliven, gehackt
* *Paximadia* (griechischer Roggenzwieback), zerbröckelt (ersatzweise Croûtons oder knuspriger Toast)

Als **Paximadia** bezeichnet man eine in Griechenland äußerst populäre Art von Zwieback. Bereits in der Antike war es gang und gäbe, Brotlaibe zu backen, sie anschließend in Scheiben zu schneiden und diese nochmals in den Ofen zu schieben, bis sie all ihre Feuchtigkeit abgegeben hatten. Zweck dieser Methode war es, einerseits Brot lange haltbar zu machen und andererseits kostbares Brennmaterial einzusparen. Obwohl dieses Dauerbrot heutzutage keine Notwendigkeit mehr ist, findet man es in nahezu allen griechischen Bäckereien und Supermärkten in verschiedenen Größen und Geschmacksrichtungen. Besonders gern gekauft wird der Gerstenzwieback – sehr schmackhaft in Salaten, da er das Dressing aufnimmt und zugleich für einen Knuspereffekt sorgt. Sollten Sie **paximadia** nicht auftreiben können, nehmen Sie stattdessen Croûtons oder stellen Sie Ihren eigenen Zwieback her: Einfach kerniges helles Brot in Scheiben schneiden und im Ofen bei sehr niedriger Temperatur etwa 20 Min. trocknen. Natürlich könnten Sie sich auch gut einen Vorrat anlegen, auf den Sie zukünftig anstelle von Crackern oder Toastbrotscheiben zurückgreifen.

Fisch nach Art von Spetses

Ψάρι αλά Σπετσιώτα · Psari ala spetsiota

Obwohl das Gericht mit seinem Namen eindeutig auf die Insel Spetses als Ursprungsort verweist, begegnet man ihm überall in Griechenland. Das Rezept gelingt mit einem ganzen Fisch (beispielsweise Wolfsbarsch oder Zackenbarsch) ebenso wie mit Fischfilets. Gut schmecken dazu Kartoffeln oder Reis.

1

Den Backofen auf 180 °C vorheizen.

2

Den ganzen Fisch oder die Filets leicht salzen und etwa 30 Min. ruhen lassen. Tomaten mit Petersilie, Wein, Öl und Knoblauch in einer Schüssel vermischen und 30 Min. durchziehen lassen.

3

Den Fisch mit Pfeffer würzen. Etwa ein Drittel der Tomatenmischung in einer ofenfesten Form (23 x 33 cm) verteilen. Den Fisch darauflegen und mit der restlichen Tomatenmischung überziehen.
Mit den Semmelbröseln bestreuen und mit etwas Öl beträufeln. Für 20 bis 25 Min. in den Ofen schieben, bis der Fisch gar und goldbraun überbacken ist.

Zutaten *(Für 4 Personen)*

* 4 Fischfilets oder 1 ganzer Fisch, küchenfertig vorbereitet (insgesamt etwa 1 kg)
* Meersalz und frisch gemahlener schwarzer Pfeffer
* 270 g Tomaten, gehackt
* 1 Bund frische Petersilie, Blätter abgezupft und gehackt
* 125 ml trockener Weißwein
* 4 EL Olivenöl
* 4 Knoblauchzehen, gehackt
* 45 g frische Semmelbrösel
* Natives Olivenöl extra zum Beträufeln

ARIANNA HUFFINGTON

Arianna Huffington ist Mitbegründerin, Präsidentin und Chefredakteurin der Huffington Post Media Group, *außerdem verfasste sie bisher 15 Bücher. Im Mai 2005 initiierte sie die* Huffington Post *als Mischung aus Nachrichtenseite und Blog, die rasch zu einer der meistgelesenen und meistzitierten Medienmarken im Internet wurde. 2012 erhielt die Onlinezeitung einen Pulitzer-Preis für Berichterstattung im Inland.*
Das Time *Magazine setzte Arianna Huffington auf die Liste der 100 einflussreichsten Menschen der Welt, und für das US-Magazin* Forbes *zählt sie zu den 100 mächtigsten Frauen der Welt. In Griechenland geboren, zog sie mit 16 Jahren nach England, wo sie später an der Universität von Cambridge ein Studium der Ökonomie mit einem Master abschloss. Im Alter von 21 Jahren wurde sie zur Präsidentin des berühmten Debattierclubs Cambridge Union ernannt. Sie engagiert sich in verschiedenen Organisationen, darunter das Center for Public Integrity und das Committee to Protect Journalists.*
Ihr Buch Thrive: The Third Metric to Redefining Success and Creating a Life of Well-Being, Wisdom, and Wonder *(auf Deutsch* Die Neuerfindung des Erfolgs: Weisheit, Staunen, Großzügigkeit – Was uns wirklich weiterbringt*) eroberte gleich bei seinem Erscheinen Platz 1 der Bestsellerliste der* New York Times.
Zuletzt veröffentlichte sie das Buch The Sleep Revolution: Transforming Your Life One Night at a Time, *das sich mit den wissenschaftlichen Hintergründen, der Geschichte und den Rätseln des Schlafes befasst.*

IHR GRIECHISCHES LIEBLINGSESSEN?

Alles, was mit dem Weihnachts- und Neujahrsfest verbunden ist.

WAS BEDEUTET GRIECHENLAND FÜR SIE?

Für mich ist Griechenland untrennbar mit dem Konzept des *filotimo* verknüpft. Als ich noch in Athen lebte, hörte ich immerzu dieses Wort. Grob gesagt, bedeutet es, nicht nur um den eigenen Nabel zu kreisen, sondern für etwas zu leben, das größer ist als das eigene Selbst. Auch haben die riesigen Herausforderungen, vor denen die Griechen stehen, einen für sie typischen Wesenszug zum Vorschein gebracht, den die Psychologie als Resilienz bezeichnet. Diese Widerstandsfähigkeit in der Krisenbewältigung habe ich persönlich oftmals hautnah beobachten können und bin davon tief beeindruckt.

IHRE SCHÖNSTE ERINNERUNG AN GRIECHENLAND?

Meine Mutter stand ständig am Herd, weil sie glaubte, man müsse alle 20 Minuten etwas essen, da einem sonst etwas Schreckliches widerführe. Während meiner Jugendjahre in Athen freute ich mich jedes Jahr auf die Weihnachtszeit, denn dann backte sie die traditionellen Plätzchen namens *melomakárona*. Zu meinen schönsten Erinnerungen gehört dieses Duftgemisch aus Nelken, Honig, Zimt, Orangen und Weinbrand, das mir aus der Küche entgegenwehte.

Griechische Weihnachtsplätzchen

Μελομακάρονα · Melomakárona

Während der Festtage findet man wohl kaum ein Haus in Griechenland, in dem nicht ein großer Teller mit diesen leckeren Plätzchen steht, zu denen sich vielleicht noch dick mit Puderzucker bestäubte kourambiedes (mürbe Mandelkekse) gesellen. Aber eigentlich schmecken die melomakárona zu jeder Zeit des Jahres wunderbar.

1

Den Backofen auf 160 °C vorheizen.

2

Öl, Weinbrand, Orangenschale und -saft sowie Zucker in eine große Schüssel geben, alles gründlich verrühren.

Das Mehl mit dem Backpulver, dem Zimt, den Nelken und dem Natron in eine zweite Schüssel sieben. Nach und nach die Mehlmischung unter die flüssigen Zutaten mengen; den Teig zuletzt 5 bis 6 Min. gründlich kneten. Kleine Teigportionen abnehmen und zu Kreisen oder Ovalen von etwa 7 cm Länge formen.

Auf ein ungefettetes Backblech legen (eventuell werden zwei Bleche benötigt). Wenn der gesamte Teig verarbeitet ist, die *melomakárona* einzeln auf eine grobe Gemüsereibe drücken, sodass sich ein dekoratives Muster einprägt, zurück auf das Blech legen. Die Plätzchen in etwa 30 Min. goldbraun backen. Aus dem Ofen nehmen und auf dem Blech auskühlen lassen.

3

Für den Honigsirup: Den Honig, den Zucker und das Wasser in einen mittelgroßen Topf füllen. Zum Kochen bringen, den Schaum abschöpfen und die Zimtstange in den Sirup geben. Diesen bei verminderter Hitze in etwa 10 Min. köchelnd eindicken lassen.

Zutaten *(Ergibt etwa 40 Stück)*

* 480 ml Olivenöl
* 240 ml Weinbrand
* Abgeriebene Schale von 1 Bio-Orange plus 240 ml Orangensaft
* 225 g Zucker
* 1 kg Mehl oder 750 g Mehl plus 250 g Hartweizengrieß
* 2 EL Backpulver
* 1 TL gemahlener Zimt und etwas zum Bestreuen
* 1 TL gemahlene Gewürznelke
* 1 EL Natron
* 125 g Walnusskerne, zerstoßen

Für den Honigsirup
* 200 g Honig
* 200 g Zucker
* 480 ml Wasser
* 1 Zimtstange

Die kalten *melomakárona* auf einer Platte arrangieren und mit dem heißen Sirup übergießen. Zuletzt mit den zerstoßenen Walnüssen bestreuen und noch etwas gemahlenen Zimt darüberstäuben.

BOB COSTAS

Bob Costas hat 26 Emmy Awards gewonnen, mehr als jeder andere Sportreporter. In Anerkennung seiner vielseitigen Leistungen erhielt er Auszeichnungen als Moderator, Live-Berichterstatter, Autor, Journalist, Nachrichtensprecher und Entertainer. Als bisher Einziger wurde er mit Emmys in den Kategorien News, Sport und Unterhaltung geehrt. Seine Stimme hat größten Wiedererkennungswert in der Welt des Sports. Seit 1980 ist er eine feste Größe beim Fernsehsender NBC Sports, und in den letzten drei Jahrzehnten wirkte er maßgeblich an Sendungen über jede bedeutendere Sportart mit. Er ist das prägende Gesicht von NBC-Berichterstattungen über elf Olympische Spiele, sieben Superbowls, sieben World Series und zehn NBA Finals sowie über weitere sportliche Großereignisse, etwa das Kentucky Derby, Preakness und Belmont sowie die U.S. Open Golf Championship. Von Jugend an ein erklärter Baseballfan, konnte er sich dieser Leidenschaft in Interviews, Kommentaren und Live-Berichterstattungen für das MLB Network widmen.

Doch Costas ist nicht nur auf der Mattscheibe präsent, sondern darüber hinaus auch Bestsellerautor der New York Times *und Moderator von Radioprogrammen verschiedener Sender. Achtmal – ein Rekord! – wurde er von der National Sportswriters and Sportscasters Association zum Sportreporter des Jahres gekürt, und im Juni 2012 erfolgte seine Aufnahme in die NSSA Hall of Fame.*

IHR GRIECHISCHES LIEBLINGSESSEN?
Gefüllte Weinblätter mit Ei-Zitronen-Sauce, griechischer Gaumenkitzel pur.

WAS BEDEUTET GRIECHENLAND FÜR SIE?
Meine Großeltern kamen aus Griechenland, sein Einfluss auf viele meiner Verwandten liegt also auf der Hand. Das Land beherbergt einige der bedeutendsten historischen Stätten der Welt, es ist die Wiege der Demokratie… und, nicht zu vergessen, auch die der Olympischen Spiele.

IHRE SCHÖNSTE ERINNERUNG AN GRIECHENLAND?
Das ist leicht zu beantworten. Als ich bei den Olympischen Spielen in Athen 2004 als Hauptmoderator dabei sein und in dieser Funktion Millionen amerikanischer Zuschauer nicht nur die Dramatik der Wettkämpfe vermitteln durfte, sondern darüber hinaus auch etwas über die Geschichte der Olympischen Spiele und über Griechenland selbst.

Gefüllte Weinblätter

Ντολμάδες · Dolmades

Alle lieben dolmades, und es gibt von ihnen fast so viele Versionen, wie es Köchinnen und Köche gibt. Der Name leitet sich von dem türkischen Verb doldurmak ab, das „füllen" bedeutet. Man findet auch dolmades, bei denen Blätter von Weißkohl, Mangold oder grünem Salat oder auch Zucchiniblüten als Hülle dienen; aber nur die Blätter von Weinreben werden in Griechenland eingefroren oder getrocknet, um sie außerhalb der Saison für dolmades zu verwenden. In Salzlake eingelegte Weinblätter bekommt man in griechischen, türkischen oder arabischen Lebensmittelläden und vielleicht sogar in gut sortierten Supermärkten.

1 In einem großen Topf reichlich Wasser zum Kochen bringen. Die Weinblätter gründlich abspülen, anschließend in kochendem Wasser etwa 3 Min. garen. Absieben, auf Küchenpapier oder Küchentüchern ausbreiten und gut abtropfen lassen. Eventuell vorhandene harte Stiele entfernen. (Auch frische Weinblätter müssen in kochendem Wasser vorgegart und anschließend abgetropft werden.)

2 In einer großen Pfanne das Öl auf mittlerer Stufe erhitzen. Das Hackfleisch hinzufügen und unter ständigem Rühren braten, bis es seinen rosa Schimmer verloren hat. In eine große Schüssel geben und leicht abkühlen lassen. Verquirlte Eier, Zwiebel, Reis, Petersilie und Minze sowie Salz und Pfeffer nach Geschmack dazugeben. Alles gründlich vermengen.

3 Weinblätter, die zerrissen sind, auf dem Boden eines weiten Topfs mit schwerem Boden ausbreiten. Von den übrigen Weinblättern jeweils einige so auf die Arbeitsfläche legen, dass die glänzende Seite nach unten und das Stielende zur Vorderkante der Arbeitsfläche weist. Auf jedes Blatt am unteren Ende 1 TL der Hackfleischfüllung geben. Die seitlichen Ränder darüberschlagen und das Ganze zur Blattspitze hin aufrollen, sodass sich schlanke, längliche Päckchen ergeben.

Zutaten *(Für 6–8 Personen)*

* 400–450 g Weinblätter in Salzlake (Glas oder Packung) oder 50 frische Weinblätter
* 4 EL Olivenöl
* 500 g Hackfleisch vom Rind (Roastbeef/Sirloin) oder von der Pute
* 2 Eier, verquirlt
* 1 Zwiebel, gewürfelt
* 100 g Langkornreis, ungekocht
* 4 EL frische Petersilie, gehackt
* 1 EL frische Minzblätter, gehackt
* Salz und frisch gemahlener schwarzer Pfeffer
* 950 ml Hühnerbrühe

Für die Ei-Zitronen-Sauce
* 3 Eier
* Saft von 3 Zitronen

Mit der Nahtseite nach unten in den Topf legen. Den Rest der Weinblätter und der Füllung genauso verarbeiten und die Rollen ebenfalls lagenweise in den Topf füllen. Falls einige nicht perfekt geraten, macht das nichts: Dicht an dicht in den Topf gefüllt, fallen sie nicht auseinander.

4 Die gefüllten Weinblätter mit der Brühe übergießen und mit einem Teller (der schon bessere Tage gesehen haben sollte) beschweren – so können sie sich beim anschließenden Garen nicht bewegen.

Den Topf aufsetzen, die Brühe zum Kochen bringen und die gefüllten Weinblätter dann zugedeckt auf kleiner Stufe 45 bis 60 Min. garen.

5

Für die Ei-Zitronen-Sauce: Wenn die *dolmades* fertig gegart sind, die Eier in einer mittelgroßen Schüssel verquirlen und dann den Zitronensaft gründlich einrühren. Langsam schöpfkellenweise heiße Brühe aus dem Topf dazugießen und jeweils kräftig einrühren – es sollte sich am Ende eine schaumige Sauce ergeben. Zu den *dolmades* in den Topf gießen und diesen nur rütteln, um die Sauce zu verteilen (die *dolmades* nicht durchmischen). Servieren.

i

Für eine vegetarische Version das Fleisch weglassen, dafür die Reismenge auf 200 g verdoppeln und Gemüse- anstelle der Hühnerbrühe verwenden.

CAROLE BAMFORD

Carole Bamford ist die Gründerin von Daylesford Organic, einem britischen Unternehmen mit mehreren Niederlassungen, die Produkte von Bauernhöfen verkaufen. Außerdem schuf sie ein eigenes Modelabel, das – ebenso wie ihre Produktlinien für die Gesichts- und Körperpflege – ihren Namen trägt. Angetrieben von ihrer Begeisterung für ökologische Landwirtschaft, Kleidung aus Naturmaterialien und durchdachte Schönheitsprodukte, erwarb sie umfangreiche Kenntnisse über handwerkliche und ursprüngliche Herstellungsmethoden und das Leben im Einklang mit der Natur. Sie ist eine erklärte Verfechterin von Naturprodukte und fest davon überzeugt, dass die gute Beherrschung eines Handwerks ebenso viel Wertschätzung verdient wie zeitgemäßes Design, Ästhetik und Funktion. Mit visionärer Kraft widmet sie sich gleich einer Reihe von Geschäftsfeldern: Landwirtschaft, Einzelhandel, Gastronomie, Bekleidung, Wellness- und Körperpflegeprodukten. Beide Unternehmen – Daylesford Organic sowie Bamford – wurden mit zahlreichen Preisen ausgezeichnet. „Ich halte viel von einfachen, guten Lebensmitteln aus biologischer Landwirtschaft. Sie sind besser für uns, unsere Tiere und die Umwelt."

IHR GRIECHISCHES LIEBLINGSESSEN?
Fangfrische Sardinen vom Holzkohlegrill, serviert mit Zitronen und einem griechischen Salat.

WAS BEDEUTET GRIECHENLAND FÜR SIE?
Ich liebe die schlichten Seiten an Griechenland. Die frischen Nahrungsmittel der jeweiligen Jahreszeit. Ganz besonders das würzige Olivenöl und frisch gefangenen Fisch. Kleine Kapellen, die sich auf Felsvorsprünge kauern. Griechenland führt uns zurück zum Wesentlichen: Kultur, Mathematik, Sport und Philosophie.

IHRE SCHÖNSTE ERINNERUNG AN GRIECHENLAND?
Das kristallklare, blaue Meer und ein sonnenüberfluteter, idyllischer Strand, der weiße, silbrig schimmernde Sand dicht mit Kerzen besetzt. Yoga auf einem Felsen vor einem wunderschönen Sonnenuntergang. In meinen Erinnerungen an Griechenland tummeln sich immer viele Familienmitglieder und Freunde.

Griechischer Salat

Χωριάτικη σαλάτα · Horiatiki salata

Damit der Salat schön bunt gerät, kombinieren Sie mehrere alte Tomatensorten mit unterschiedlichen Formen und Farben. Und verwenden Sie die besten Kalamata-Oliven, die Sie finden können.

1

Einige der Tomaten in Scheiben und den Rest in Stücke unterschiedlicher Formen und Größen schneiden – so bietet der Salat dem Gaumen mehr Abwechslungsreichtum. Die Tomaten mit 2 EL Öl und dem getrockneten Oregano in eine Schüssel geben. Nach Geschmack salzen und pfeffern und dann behutsam, aber gründlich durchmischen. Ein Sieb in eine Schüssel einhängen, die Tomaten hineinfüllen, mindestens 15 Min. ziehen lassen und den Saft auffangen. (Dieser wird später für das Dressing verwendet.)

2

Die Gurkenstücke in einer großen Schüssel mit 1 EL Öl, der Hälfte des Zitronenabriebs und -safts sowie Salz und Pfeffer nach Geschmack vermischen. Abgetropfte Tomaten, Feta, Zwiebel und Oliven dazugeben.

3

Den Essig, den Rest des Zitronenabriebs und -safts sowie 2 EL Öl in die Schüssel mit dem abgetropften Tomatensaft geben. Alles mit dem Schneebesen gründlich verrühren und das Dressing über den Salat träufeln. Die frischen Minze- und Oreganoblätter darüberstreuen. Den Salat durchmischen und servieren.

Zutaten *(Für 4 Personen)*

* 6 Tomaten
* 5 EL natives Olivenöl extra
* 1 Prise getrockneter Oregano
* Salz und frisch gemahlener schwarzer Pfeffer
* 1 Salatgurke, geschält, längs geviertelt, Kerne entfernt, in größere Stücke geschnitten
* Abgeriebene Schale und Saft von 1 Bio-Zitrone
* 250 g Feta, zerbröckelt
* 1 kleine rote Zwiebel, in dünne Scheiben geschnitten
* 60 g Kalamata-Oliven, entsteint
* 1 EL Rotweinessig
* 2 EL frische Minzeblätter, gehackt
* 2 EL frische Oreganoblätter, gehackt

i

Gurken aus regionalem Anbau, die nie einen Kühlschrank von innen gesehen haben, besitzen viel mehr Aroma und Süße als Ware aus dem Supermarkt. Um doch etwas Süße aus ihnen herauszukitzeln, blanchiere ich die geschälte Gurke etwa 5 Sekunden in kochend heißem Wasser, tauche sie dann sofort, wieder nur für 5 Sekunden, in Eiswasser und tupfe sie zuletzt mit Küchenpapier trocken. Diese Behandlung verhilft ihr in der Regel zu mehr Farbe und Geschmack.

Oktopus-Carpaccio mit Taramosalata & Salat

Χταπόδι καρπάτσιο με ταραμοσαλάτα και σαλάτα
Htapodi carpaccio me taramosalata kai salata

1

Für das Oktopus-Carpaccio: zunächst den Oktopus gründlich kalt abspülen. Mit einem scharfen Messer den Körperbeutel knapp unterhalb der Augen abschneiden. An der Schnittfläche die harten Kauwerkzeuge ertasten, nach unten herausdrücken und herausschneiden. Den Oktopus erneut abspülen und kurz abtropfen lassen. In einen weiten Topf mit schwerem Boden setzen, die übrigen Zutaten dazugeben und so viel Wasser hinzugießen, dass der Oktopus vollständig bedeckt ist. Einmal aufkochen und dann bei verminderter Hitze in 35 bis 45 Min. weich garen. (Das Fleisch ist gar und schön zart, wenn es sich an der dicksten Stelle mit einem scharfen Messer mühelos einstechen lässt.) Den Oktopus im Sud abkühlen lassen, danach in einem Sieb abtropfen lassen. (Die übrigen Zutaten werden nicht mehr benötigt.) Zwei Stücke Frischhaltefolie auf der Arbeitsfläche ausbreiten. Die Fangarme des Oktopus abschneiden und auf die beiden Folienstücke legen. Hin und her rollen, sodass „Würste" entstehen, und diese dann jeweils stramm in die Folie einwickeln.
Für mindestens 2 Std. in den Kühlschrank geben.

2

Für den taramosalata*:* das Brot in einem kleinen Topf mit der Milch übergießen. Auf kleiner Stufe unter ständigem Rühren erwärmen, bis es ganz weich und breiig wird. Abkühlen lassen und in einen Standmixer füllen. Tarama und Knoblauch hinzufügen und das Ganze zu einer glatten Paste verarbeiten. Langsam das Öl und schließlich den Zitronensaft untermixen. Für mindestens 1 Std. in den Kühlschrank stellen.

Zutaten *(Für 4 Personen)*

Für das Oktopus-Carpaccio

* 1 Oktopus (etwa 1 kg)
* 5 kleine Tomaten, halbiert
* 2 kleine Fenchelknollen, halbiert
* 1 Zwiebel, geviertelt
* 1 ganze Knoblauchknolle
* 2 rote Chilischoten
* 3 Zweige frischer Thymian
* Fein abgeriebene Schale von 1 Bio-Orange plus 350 ml Orangensaft

Für den Taramosalata

* 2 Scheiben Weißbrot oder Toastbrot, ohne Rinde (insgesamt etwa 100 g)
* 200 ml Vollmilch
* 100 g weißes Tarama (griechische Karpfenrogencreme)
* 1 Knoblauchzehe, gehackt
* 4 TL natives Olivenöl extra
* Saft von ½ Bio-Zitrone

Für den Salat

* 1 Fenchelknolle, Wurzelansatz und Stiele abgeschnitten, das zarte Grün abgezwickt und fein gehackt, die Knolle in sehr dünne Scheiben geschnitten
* ½ Salatgurke, geschält, längs halbiert und in Scheiben geschnitten
* 2 EL Olivenöl
* Saft von ½ Bio-Zitrone
* 2 Bio-Orangen, sauber geschält und filetiert
* Frischer Dill, gehackt

Für den Salat: während der *taramosalata* herunterkühlt, die Fenchel- und Gurkenscheiben in Eiswasser einlegen, sodass sie schön knackig werden und ihre Aromen freigeben. Oktopus schmeckt am besten raumtemperiert, daher wird er 10 Min. vor Fertigstellen des Carpaccio aus dem Kühlschrank genommen. Die Oktopus-Rollen in möglichst feine Scheiben schneiden und auf einer Servierplatte anrichten. Auf jede Scheibe etwas *taramosalata* klecksen.

Gurken und Fenchel abgießen und mit einem Küchentuch sorgfältig trocken tupfen. In eine Schüssel geben, mit dem Olivenöl und Zitronensaft beträufeln und gut durchmischen. Gurken- und Fenchelscheiben aus der Schüssel heben und auf dem Carpaccio verteilen. Die Orangenfilets dazugeben und den Salat mit Dill sowie dem Fenchelgrün bestreuen. Zuletzt eventuell in der Schüssel verbliebenes Gurken-Fenchel-Dressing über das Gericht träufeln. Servieren.

Gebackene Feigen & Vanillecreme in Filoteigblättern

Γαλακτομπούρεκο με σύκα · Galaktoboureko me syka

1

Für die Vanillecreme: die Milch in einem kleinen Topf auf mittlerer Stufe auf etwa 85 °C (bis kurz vor dem Siedepunkt) erhitzen. Mehl und Puddingpulver in eine Schüssel sieben. Eigelbe und Zucker mit einem Schneebesen gründlich untermischen. Langsam die heiße Milch dazugießen und dabei unablässig mit dem Schneebesen rühren, sodass keine Klümpchen entstehen. Das Ganze zurück in den Topf füllen und in etwa 4 Min. köchelnd eindicken lassen. Vom Herd nehmen. Den Topfinhalt in eine Schüssel umfüllen, die Creme mit einem Stück Frischhaltefolie bedecken, damit sich keine Haut bildet und im Kühlschrank vollständig erkalten lassen.

2

Für die Filoteigblätter: den Backofen auf 180 °C vorheizen. In einem kleinen Topf die Butter auf kleiner Stufe schmelzen. In einem zweiten kleinen Topf Honig und Zitronensaft erhitzen, bis die Mischung zu sprudeln beginnt.
Zwei Backbleche mit Pergamentpapier auslegen. Den Filoteig auf der Arbeitsfläche ausbreiten, mit einem Nudelholz hauchdünn ausrollen und in 20 etwa gleich große Blätter schneiden.
Auf eines der Bleche 1 Blatt Filoteig legen und großzügig mit Butter bestreichen. Etwas von den Walnüssen gleichmäßig aufstreuen, dann ein wenig von der Honig-Zitronen-Mischung darüberträufeln. Auf diese Weise fortfahren, bis schließlich 10 Filoteigblätter übereinanderliegen. Mit dem Rest der Teigblätter, der Butter, der Honig-Zitronen-Mischung und den Walnüssen auf dem zweiten Blech genauso verfahren.

Zutaten *(Für 4 Personen)*

Für die Vanillecreme
* 280 ml Milch
* 3 EL Mehl
* 2 EL Vanillepuddingpulver
* 4 Eigelbe
* 90 g Zucker

Für die Filoteigblätter
* 120 g Butter
* 3 EL Honig
* 2 EL Saft von einer Bio-Zitrone
* 200 g frischer Filoteig (siehe S. 75) oder Yufkateig (aus dem türkischen Lebensmittelgeschäft)
* 150 g Walnusskerne, gehackt

Für die Feigen
* 100 g Zucker
* 8 reife Feigen, halbiert
* 1 frischer Thymianzweig

Die Bleche in den vorgeheizten Ofen schieben, bis die geschichteten Teigblätter goldbraun und knusprig sind. Aus dem Ofen nehmen und leicht abkühlen lassen. Anschließend die beiden blättrigen Teigstapel mit einem gezahnten Messer jeweils in 6 gleich große Quadrate schneiden (insgesamt ergeben sich also 12 Stück).

Für die Feigen: den Zucker in einen Kochtopf geben. Bei niedriger Hitze schmelzen lassen und, sobald der Sirup beginnt dunkler zu werden, immer weiter rühren, bis er hell karamellisiert ist. Dic Fcigenhälften hineingeben und unter vorsichtigem Wenden einige Minuten sanft köcheln lassen, bis sie prall und gleichmäßig kandiert sind. Den Thymianzweig in den Topf legen. Vom Herd nehmen und auskühlen lassen.

Um das Dessert anzurichten, die inzwischen fest gewordenen Vanillecreme mit einem Schneebesen cremig rühren. Auf vier Dessertteller jeweils 1 Filoteigquadrat legen. Darauf 1 großen Löffel Vanillecreme verstreichen und mit 2 Feigenhälften belegen. Als Nächstes folgen wieder ein Filoteigquadrat, dann Vanillecreme und schließlich Feigenhälften. Das Ganze zuletzt mit den restlichen vier Filoteigquadraten bedecken. Servieren.

CAT CORA

Als sie 2005 zur ersten weiblichen Protagonistin der vom Sender Food Network produzierten Kochshow Iron Chef America berufen wurde, schrieb Cat Cora Fernsehgeschichte. Seither hat sie es in der Foodie-Gemeinde und darüber hinaus zu großer Berühmtheit gebracht. Sie ist eine anerkannte Buchautorin, Gastronomin und Fernsehmoderatorin, schreibt Gastbeiträge, ist eine erklärte Menschenfreundin, Vertreterin des Lifestyle-Unternehmertums und stolze Mutter von vier Kindern.

Cat Cora wuchs im behüteten Umfeld einer griechischen Gemeinde in Jackson, Mississippi, auf. Was in ihrer Familie auf den Tisch kam – typische Gerichte aus dem Süden der USA, aufgepeppt mit mediterranen Gewürzen –, weckte ihr Interesse am Kochen. Auf Anraten ihrer Mentorin siedelte sie gegen Ende ihrer Teenagerjahre nach New York um und absolvierte dort ein Studium am Culinary Institute of America. Danach setzte sie ihre Kochausbildung in Europa fort, bevor es sie schließlich ins kalifornische Napa Valley zog. Inzwischen betreibt sie erfolgreich mehrere Restaurants namens Cat Cora's Kitchen und außerdem in Singapur auf der Insel Sentosa das Restaurant Ocean by Cat Cora.

2004 rief Cat Cora die gemeinnützige Organisation Chefs for Humanity ins Leben, die es sich zum Ziel gesetzt hat, mit humanitären Hilfsmaßnahmen den Kampf gegen den Hunger weltweit zu unterstützen und außerdem die Aufklärung der Öffentlichkeit über Ernährungsfragen voranzutreiben. Im Juli 2012 wurde Cat Cora als erster weiblicher Koch in die Hall of Fame der American Academy of Chefs® aufgenommen.

IHR GRIECHISCHES LIEBLINGSESSEN?

Da gibt es so vieles. Was ich aber vor allem liebe, sind die ganz einfachen, ursprünglichen Produkte wie kalt gepresstes Olivenöl, die verschiedenen Käsespezialitäten, der Honig, die Zitrusfrüchte, die Weine, ich könnte die Aufzählung endlos fortsetzen. Eigentlich fällt mir kein griechisches Lebensmittel ein, das mir nicht schmeckt.

WAS BEDEUTET GRIECHENLAND FÜR SIE?

Liebe zum Leben, spontan auf den Moment einzugehen, das herrliche Essen zu genießen. Ich denke an die Menschen, die Kultur, die Geschichte, Familie und Schönheit. Vor allem aber steht für mich Griechenland dafür, das Leben in seiner ganzen Fülle anzunehmen.

IHRE SCHÖNSTE ERINNERUNG AN GRIECHENLAND?

Aufenthalte dort mit der ganzen Familie, als mein Vater und mein Onkel noch lebten. Wir waren mit Food Network zu Ostern in Griechenland. Es war eines meiner bisher schönsten und ergreifendsten Erlebnisse überhaupt.

Geschmortes Hähnchen

Κότα καπαμά · Kota kapama

Hähnchen-kapáma, wie das Gericht bei den Coras heißt, hat bei uns eine große Tradition. Am Geburtstag durften meine Brüder und ich uns immer ein Essen wünschen. In meiner Erinnerung habe ich jedes Mal Hähnchen-kapáma gewählt. Manchmal konnte ich sogar meinen jüngeren Bruder Chris mit einer kleinen Bestechungsaktion dazu bringen, sich in meinem Sinne zu entscheiden. Das Schöne an der Zubereitung ist, dass man nicht ständig dabeibleiben muss. Wenn alle Zutaten in der Pfanne sind, kann das Gericht einfach vor sich hin schmoren, man muss es nur gelegentlich umrühren. Da das Hähnchen in Teile zerlegt wird, bekommt jeder sein bevorzugtes Stück. Natürlich kann man auch nur bestimmte Hähnchenteile kaufen, zum Beispiel Schenkel oder Flügel, oder man kauft eben ein ganzes Tier und zerlegt es in Portionsstücke. Letzteres funktionierte in unserer Familie meist ganz gut, weil es nur zwei ausdrückliche Wünsche gab: Mein älterer Bruder Mike wollte den Hals und meine Großmutter den Rücken. Sie können mir glauben, dass weder das eine noch der andere mich interessierten. Vielmehr waren Chris und ich immer überzeugt, dass wir mit den „Drumsticks", also den Unterschenkeln, die besten Stücke ergattert hatten. Und wenn schon kapáma an sich wundervoll schmeckte, setzte der geriebene myzithra, den es dazu gab, noch eins drauf. Dieser aromatische Schafkäse galt meinen Eltern als solche Delikatesse, dass sie ihn nur zu besonderen Anlässen verwendeten. Falls Sie keinen gereiften myzithra bekommen, bieten sich als Ersatz Pecorino oder auch Parmesan an. Orzo (reiskornförmige Nudeln), Reis oder andere Nudeln ergänzen dieses Gericht und verwandeln das Ganze zusammen mit dem Käse zu einem perfekten Genuss. (Bereiten Sie die Beilage Ihrer Wahl nach der Packungsanweisung rechtzeitig zu, während das Hähnchen schmort.) Dieses Rezept wird schon seit Generationen innerhalb der Cora-Familie weitergegeben. Hoffentlich haben Sie genauso viel Freude daran wie wir.

1 Die Hähnchenteile mit Küchenpapier trocken tupfen. In einer kleinen Schüssel den Zimt mit 2 TL Salz und 1 TL Pfeffer vermengen. Die Hähnchenteile mit dieser Gewürzmischung rundherum gleichmäßig einreiben.

2 Das Öl in einer großen Pfanne mit hohem Rand auf hoher Stufe erhitzen. Die Hähnchenteile von beiden Seiten in je 4 Min. kräftig anbräunen, dabei die Teile mit einem Spatel oder Holzlöffel in der Pfanne bewegen, damit sie nicht ansetzen. Falls erforderlich die Hähnchenteile portionsweise anbraten. Zuletzt aus der Pfanne nehmen und auf einer Platte beiseitestellen.

Zutaten *(Für 4 Personen)*

* 1 Hähnchen (1,2–1,4 kg), in 8 Teile zerlegt
* 1 TL gemahlener Zimt
* Grobes Salz und frisch gemahlener schwarzer Pfeffer
* 2 EL Olivenöl
* 2 Zwiebeln, grob gewürfelt
* 5 Knoblauchzehen, geschält (3 gehackt, 2 im Ganzen verwendet)
* 125 ml trockener Weißwein
* 500 ml Wasser
* 170 g Tomatenmark (Dose, Glas oder Tube)
* 1 EL frischer Oregano, gehackt
* 30 g gereifter *myzithra*, Parmesan oder Pecorino, gerieben

Die Temperatur auf die mittlere bis hohe Stufe herunterschalten. Die Zwiebeln zusammen mit dem gehackten Knoblauch in die Pfanne geben und unter ständigem Rühren braten, bis sie weich und kräftig gebräunt sind. Mit dem Wein ablöschen und den Bratensatz vom Pfannenboden losrühren.

Sobald der Wein verkocht ist, das Wasser zusammen mit dem Tomatenmark, dem Oregano und den ganzen Knoblauchzehen in die Pfanne geben. Die Hähnchenteile in den Fond einlegen – sie sollten zu etwa drei Vierteln bedeckt sein. Die Pfanne verschließen und das Ganze etwa 1 Std. köcheln lassen, bis das Hähnchenfleisch ganz zart ist; falls der Fond zu stark eindickt, etwas mehr Wasser dazugießen. Die Sauce zuletzt mit Salz und Pfeffer abschmecken.

Die Hähnchenteile nach Belieben auf einem Bett aus Orzo, Reis oder Nudeln anrichten. Mit der Sauce überziehen und mit dem Käse bestreuen.

CHRIS CHELIOS

Christos Kostas Chelios ist griechischer Abstammung und wurde 1962 in Chicago, Illinois, geboren. Er ist einer der bekanntesten Eishockeyspieler und war, bevor er 2010 seinen Schläger an den Nagel hängte, über einen Zeitraum von insgesamt 26 Saisons für die Montreal Canadiens, die Chicago Blackhawks, die Detroit Red Wings und die Atlanta Thrashers im Einsatz. Während seiner bemerkenswerten aktiven Laufbahn erzielte er mehrere Rekorde: So kam kein anderer Spieler in der Geschichte der National Hockey League auf derart viele Partien in der Rolle des Verteidigers wie er; als einziger Spieler lief er in über 400 Begegnungen für drei verschiedene Mannschaften auf; zudem kann er auf eine der längsten Karrieren als aktiver Spieler in der NHL zurückblicken. 2013 wurde er mit der Aufnahme in die Hockey Hall of Fame geehrt.

Darüber hinaus vertrat er die USA bei vier Olympischen Winterspielen (1984, 1988, 2002, 2006) und drei Canada Cups (1984, 1987, 1991), zweimal beim World Cup of Hockey (1996, 2004) und einmal beim World Junior Championship (1982). Derzeit fungiert er als Berater von Ken Holland, dem Manager der Detroit Red Wings. Chris lebt mit seiner Frau Tracee und ihren vier Kindern in den Nähe von Detroit.

IHR GRIECHISCHES LIEBLINGSESSEN?

Da gibt es drei, würde ich sagen: Pastitsio (siehe S. 102, 129), eine Art griechische Lasagne, nur leichter und viel schmackhafter, dann *avgolemono*-Suppe (Eier-Zitronen-Suppe) und schließlich Lammkoteletts auf griechische Art. Natürlich gehören zu allen drei Gerichten als Beigaben Kalamata-Oliven und Feta. Ach ja, und natürlich unbedingt Brot!

WAS BEDEUTET GRIECHENLAND FÜR SIE?

Für mich als Sohn eines griechischen Immigranten und einer Mutter, die zwar in Chicago geboren, aber in Griechenland aufgewachsen war, gehörte die wundervolle griechische Küche von Kindesbeinen an zum Alltag. Das Essen spielt im griechischen Familienleben eine ganz wichtige Rolle. Zum Abendessen gab es immer eine Reihe traditioneller griechischer Speisen – und viele, viele Gespräche. In einer griechischen Familie kann es bei Tisch ganz schön laut zugehen, und bevor ich Freunde von mir zum Essen einlud, musste ich ihnen vorher klarmachen, dass wir nicht allesamt verrückt waren, sondern dass das, was sie erwarten würde, einfach unsere ganz normale Art war, miteinander zu kommunizieren. Mit vielen der traditionellen amerikanischen Gerichte, die in den meisten Familien üblich waren, kam ich kaum in Berührung. Während meine Freunde abends Tacos, Pizza und Hackbraten aßen,

bekam ich *rizaki* (Reis), Ochsenschwanz und Linsen, zubereitet auf griechische Art. Stets kamen zum Abendessen auch ein griechischer Salat, Oliven und eine Menge Brot auf den Tisch. Jeden Sonntag machte mein Vater *avgolemono*-Suppe, und damit war er den ganzen Tag beschäftigt. Zum Repertoire meiner Mutter gehörten auch amerikanische Standardspeisen wie Spaghetti, Reis und Hähnchen, aber immer verlieh sie ihnen mit viel Oregano, Olivenöl und Zitrone eine unverkennbar griechische Note.

IHRE SCHÖNSTE ERINNERUNG AN GRIECHENLAND?

Ich hatte das Glück in meiner Profilaufbahn für drei NHL-Teams zu spielen: die Montreal Canadiens, die Chicago Blackhawks und die Detroit Red Wings. In jeder dieser drei Städte gibt es eine große griechische Gemeinde und viele griechische Restaurants. Daher konnte ich, auch als ich ausgezogen war, die gesunde Ernährung fortsetzen, die ich von klein auf durch die Kochkünste meiner Mutter gewohnt war. Ich könnte wohl behaupten, dass meine Erinnerungen an die griechische Esskultur mit so ziemlich jeder Mahlzeit, die ich als Profisportler zu mir nahm, noch verstärkt wurden. Und heute werden sie bei mir zu Hause in meiner eigenen Familie erneut lebendig dank meiner Frau Tracee, die eine exzellente Köchin ist.

Griechische Frikadellen

Μπιφτέκια σχάρας · Biftekia scharas

Ⅰ

Das Öl in einer großen Pfanne auf mittlerer bis hoher Stufe erhitzen. Die Zwiebel darin unter häufigem Rühren in etwa 4 Min. glasig dünsten. In eine große Schüssel füllen und vollständig abkühlen lassen. Hackfleisch vom Rind und vom Lamm, Semmelbrösel, Tomate, Paprikawürfel (falls verwendet), Oliven, Ei, Petersilie, Senf, Essig, Knoblauchpulver und Oregano dazugeben. Das Ganze nach Geschmack salzen und pfeffern und anschließend mit den Händen gleichmäßig vermengen. Zugedeckt für 30 Min. in den Kühlschrank stellen.

2

Einen Gas- oder Holzkohlengrill (oder auch den Grill des Backofens) kräftig vorheizen. Aus der Hackfleischmasse entweder kleine, dünne Frikadellen (zu je etwa 125 g) oder auch große, dicke Frikadellen (zu je etwa 225 g) formen. Auf den Grill geben. Kleine, dünne Frikadellen benötigen zum Garen etwa 3 Min. pro Seite, bei dickeren Frikadellen rechnen Sie pro Seite 2 bis 3 Min. für im Kern noch rohe, 3 bis 4 Min. für halb durchgebratene und 4 bis 5 Min. für ganz durchgebratene Frikadellen. Heiß servieren.

Zutaten *(Für 4 Personen)*

* 3 EL Olivenöl
* 1 große weiße Zwiebel, grob gerieben
* 500 g Hackfleisch vom Rind
* 100 g Hackfleisch vom Lamm
* 70 g frische Semmelbrösel
* 1 Tomate, grob gehackt (die Schale zuletzt weggeworfen)
* 1 rote Florina- oder auch herkömmliche Paprikaschote, im Backofen geröstet und gewürfelt (nach Belieben)
* 8 schwarze Oliven, entsteint und geviertelt
* 1 Ei, verquirlt
* 1 EL frische Petersilie, fein gehackt
* 1 EL Senf
* 1 TL Essig
* ¼ TL Knoblauchpulver
* ¼ TL getrockneter Oregano
* Salz und frisch gemahlener schwarzer Pfeffer

i

Die roten Florina-Paprikaschoten besitzen eine länglich schlanke, spitz zulaufende Form und ein ausgeprägt süßes Aroma. Sie wachsen außer in Florina ebenso in anderen Gegenden Nordgriechenlands. Man kann sie selbst im Backofen rösten, es gibt sie aber auch bereits geröstet und in Lake eingelegt in Dosen oder Gläsern zu kaufen. Eine herkömmliche rote Paprikaschote eignet sich für dieses Rezept aber ebenfalls.

CHRISTIAN KAREMBEU

Christian Karembeu wurde 1970 in Neukaledonien geboren. Als ehemaliger Topspieler der französischen Fußballnationalmannschaft trug er mit dazu bei, dass diese 1998 die Fußball-Weltmeisterschaft, 2000 die Fußball-Europameisterschaft und 2001 den FIFA Confederations Cup für sich entscheiden konnte. Darüber hinaus gewann Christian Karembeu weitere wichtige Titel mit der französischen Nationalelf sowie zweimal die Champions League mit Real Madrid, einmal den Weltpokal und zwei griechische Meisterschaften in der Mannschaft von Olympiakos Piräus. Aufgrund seiner herausragenden fußballerischen Leistungen wurde er nach der Weltmeisterschaft 1998 zum Ritter der französischen Ehrenlegion ernannt, und 1995 sowie 1998 wurde er als Fußballer des Jahres von Ozeanien ausgezeichnet. Nach dem Ende seiner aktiven Laufbahn fungierte Christian als UEFA-Botschafter. Nicht zuletzt durch seine Tätigkeit als strategischer Berater für Olympiakos ist er dem Land weiterhin eng verbunden, das er so sehr liebt. Er ist Mitglied der Champions for Peace, einer Gruppe von 54 Spitzenathleten, die sich der weltweiten Friedensförderung durch Sport verschrieben hat; sie wurde von Peace and Sport, einer internationalen Organisation mit Sitz in Monaco, ins Leben gerufen. Zudem moderiert er eine französische Fernsehsendung zum Thema Reisen.

IHR GRIECHISCHES LIEBLINGSESSEN?

Mein griechisches Lieblingsessen? Ich würde sagen, das ist das traditionelle Souvlaki: dünne Scheiben von sanft gegartem Hähnchen oder Schweinefleisch vom Gyros-Spieß, zusammen mit Stücken von leckeren Tomaten, Zwiebeln und Tsatsiki, der berühmten Sauce aus griechischem Joghurt, Gurke und Knoblauch, in ein Pita-Brot gepackt. Gern kann es als Beilage auch noch Pommes frites geben. Für mich ist dieses Gericht nicht nur eine sättigende Mahlzeit, sondern es vereint zudem in sich leckere griechische Erzeugnisse und einzigartige Aromen.

WAS BEDEUTET GRIECHENLAND FÜR SIE?

Griechenland ist vor allem Tradition, Geschichte, Philosophie und Mythologie. Ein zauberhaftes Ganzes aus Landschaften und Inseln, mit herrlichen Denkmälern und Tempeln und Menschen, die eine erstaunliche Energie versprühen. Für mich, der ich aus Neukaledonien komme, besteht eine untrennbare Verbindung zwischen dem Meer und dem Land und daher dem Leben. Deshalb hat das griechische Meer einen ganz besonderen Platz in meinem Herzen.

IHRE SCHÖNSTE ERINNERUNG AN GRIECHENLAND?

Ich habe so viele Erinnerungen an dieses schöne Land, dass ich unmöglich eine einzelne herauspicken kann. Erinnerungen aus meinem Alltag hier, aus Urlauben mit Freunden an neu entdeckten herrlichen Orten, an Essen und lokale Traditionen, aus meinen Jahren bei Olympiakos und an die Liebe, die mir von den griechischen Fans entgegengebracht wurde, jeder Tag brachte etwas Neues und Besonderes. Es ist ein Land voller Götter und Göttinnen!

Gegrillter Fisch auf echt griechische Art

Ψάρι ψητό στη σχάρα · Psari psito sti schara

Viele derer, die etwas zu unserem Buch beigetragen haben, nannten als ihr Lieblingsgericht einfach gegrillten Fisch, frisch aus dem Meer, noch danach duftend und im Aroma nicht durch eine Sauce oder Marinade verfälscht. Deshalb mussten wir hier unbedingt ein entsprechendes Rezept aufnehmen. In Griechenland würde man dafür zum Beispiel tsipoura (Goldbrassen), lavraki (Wolfsbarsch) oder milokopi (Bartumber) wählen. Falls Sie keinen Mittelmeerfisch bekommen, bieten Red Snapper, Butterfisch oder Felsenbarsch eine fast ebenso gute Alternative. Selbstverständlich muss der Fisch in jedem Fall frisch sein. Zu gegrilltem Fisch wird in Griechenland fast immer in einer kleinen Schüssel ein Dressing aus Olivenöl und Zitronensaft (ladolemono) gereicht, das – wie es scheint – den Geschmack noch besser zur Geltung bringt.

1

Einen Gas- oder Holzkohlegrill (oder auch den Grill des Backofens) vorheizen.

2

Die Fische trocken tupfen und jeweils mit 1 EL Öl auf beiden Seiten bestreichen. Auf (beziehungsweise unter) den Grill legen und 7 Min. garen, danach wenden und weitere 7 Min. garen – sie sollen zuletzt innen noch saftig und außen knusprig sein. (Anders als beim Grillen von Fleisch wird Fisch nur einmal und sehr behutsam gewendet.) Die Tomatenhälften neben die Fische legen und ebenfalls grillen.

3

Für das Olivenöl-Zitronen-Dressing: während die Fische und Tomatenhälften grillen, alle Zutaten verrühren. Zuletzt die gegrillte Tomate enthäuten, ins Dressing geben und mit einer Gabel zerdrücken.

4

Die Fische auf einer großen, vorgewärmten Platte anrichten. Mit gehackter Petersilie bestreuen und mit dem Dressing als Beigabe servieren.

Zutaten *(Für 4 Personen)*

* 2 ganze Fische (je etwa 700 g), geschuppt und küchenfertig vorbereitet
* 2 EL Olivenöl
* Frische Petersilie, gehackt

Für das Olivenöl-Zitronen-Dressing
* 125 ml Olivenöl
* Saft von 1 Bio-Zitrone
* 1 TL brauner Zucker
* 1 Tomate, halbiert
* Salz und frisch gemahlener weißer Pfeffer

i

Mithilfe eines digitalen Bratenthermometers kann man gut erkennen, wann die Fische gar sind: Die Kerntemperatur sollte an der dicksten Stelle, also gleich hinter dem Kopf, ungefähr 60 °C betragen. Alternativ das Fischfleisch vorsichtig mit einer Gabel einstechen: Es muss fast blättrig zerfallen.

Selbst gemachtes Hähnchen-Souvlaki

Σπιτικό σουβλάκι κοτόπουλο μαριναρισμένο
Spitiko souvlaki kotopoulo marinarismeno

Ob mit Fleisch von kleinen Spießen oder aber vom großen Gyros-Drehspieß zubereitet und natürlich noch mit verschiedenen anderen Zutaten gefüllt, erfreut sich Souvlaki bei jungen Griechen und Touristen allgemeiner Beliebtheit. In der klassischen Version basiert es auf Schweinefleisch, doch eine leichtere und vielleicht gesündere Alternative bietet Hähnchen, umso mehr, wenn es aus Freilandhaltung oder sogar von einem Bio-Betrieb stammt. Mit diesem Rezept können Sie sich in eine Imbissbude in Athen oder in die hochsommerliche Atmosphäre eines kleinen Inselhafens träumen. Einfach die Augen schließen und genießen!
Für die Zubereitung benötigen Sie Holz- oder Metallspieße.

1

Für die Marinade: Senf, Petersilie, Rosmarin, Paprikapulver, Zitronenabrieb, Knoblauch und Honig sowie Salz und Pfeffer nach Geschmack in ein Schraubglas füllen. Kräftig schütteln, bis alles gut vermischt ist. Die Fleischwürfel in einer Schüssel mit der Marinade übergießen und durchmischen. Abgedeckt für mindestens 2 Std. in den Kühlschrank stellen.

2

Für die gefüllten Pita-Brote einen Gas- oder Holzkohlengrill kräftig vorheizen. Die Fleischwürfel abwechselnd mit Zwiebelstücken auf Spieße stecken. Die Kartoffelscheiben dünn mit Öl bestreichen. Die Hähnchenspieße von beiden Seiten je 3 Min., die Kartoffelscheiben von beiden Seiten je 1 Min. und die Brottaschen von beiden Seiten je 2 Min. grillen.

3

Für die Zubereitung der gefüllten Brottaschen eine große Platte bereitstellen und darauf 4 große Quadrate aus Pergamentpapier- oder Alufolie ausbreiten. Auf jedes Quadrat eine heißes Pita-Brot legen. In jeder Brottasche auf der Unterseite 1 großen EL Joghurt verstreichen; darauf jeweils ein Viertel des Salats, 2 halbe Tomatenscheiben und 2 oder 3 Kartoffelscheiben geben. Die erste Pita mithilfe der Papier- oder Folienunterlage aufnehmen, einen Fleischspieß hineinlegen,

Zutaten *(Für 4 Personen)*

Für das Hähnchen und die Marinade

* 2 EL Senf
* 1 EL Petersilie, fein gehackt
* 1 EL frischer Rosmarin, gehackt
* 1 TL Paprikapulver edelsüß
* Abgeriebene Schale von ½ Bio-Zitrone
* 1 Knoblauchzehe, zerdrückt
* ½ TL Honig
* Salz und frisch gemahlener schwarzer Pfeffer
* 2 Hähnchenbrustfilets (insgesamt etwa 500 g), enthäutet und in 5 cm große Würfel geschnitten

Außerdem

* 1 Zwiebel, längs halbiert und in einzelne Schuppenblätter getrennt
* 1 große gekochte Kartoffel, geschält und in dünne Scheiben geschnitten
* 2 EL Olivenöl
* 4 Pita-Brottaschen (vorzugsweise aus Vollkornmehl)
* 2 Romana-Salatblätter, in feine Streifen geschnitten
* 4 EL griechischer Joghurt oder Tsatsiki
* 4 Tomatenscheiben, halbiert

die beiden Brothälften fest zusammendrücken und den eigentlichen Spieß herausziehen, sodass die Fleisch- und Zwiebelstücke in der Brottasche zurückbleiben. (Falls Ihnen diese Methode zwar authentisch und spaßig vorkommt, Sie aber doch eine kleine Sauerei befürchten, streifen Sie Fleisch und Zwiebeln einfach mit einer Gabel vom Spieß.) Das gefüllte Pita-Brot zur Hälfte in eine große Papierserviette wickeln.

Mit den übrigen Brottaschen genauso verfahren. Sofort servieren.

Für Souvlaki im Gyros-Stil die Hähnchenbrustfilets im Ganzen marinieren, von beiden Seiten je 6 bis 7 Min. grillen und zuletzt mit einem Messer mit langer, scharfer Klinge in ganz dünne Scheiben schneiden. In die Brottaschen füllen, wie zuvor beschrieben.

CHRISTINA HINDS

Christina Hinds ist eine ehemalige griechisch-amerikanische Beachvolleyballerin und Olympiateilnehmerin. Sechs Jahre lang kämpfte sie auf Turnieren der FIVB World-Tour im griechischen Nationalteam. 2012 kehrte sie nach Los Angeles zurück und wurde dort ein in Star-Kreisen gefragter Life Coach. In diesem Kontext betreute sie Abenteuerreisen vor Ort und in aller Welt, die die Teilnehmer darin unterstützen, ihr persönliches Potenzial zu entdecken und auszuschöpfen. Durch Partnerschaften ihrer Firma mit bekannten Wellness-Experten konnte Christina nicht nur ihren Kundenstamm, sondern zugleich auch ihren Wissensschatz erweitern. Inzwischen stellt sie als Beraterin ihre gesammelten Erfahrungen verschiedenen Anbietern von Reisen und Produkten für einen gesunden Lifestyle zur Verfügung, die einen ganzheitlichen Ansatz verfolgen. Sie absolvierte an der Pepperdine University einen Bachelor-Studiengang in Psychologie und am IIN (Institute for Integrative Nutrition) in New York City eine Ausbildung in integrativer Ernährungsberatung.

IHR GRIECHISCHES LIEBLINGSESSEN?

Mein griechisches Lieblingsessen sind die *dolmadakia* meiner *yiayia* (Großmutter), gemacht mit frisch im Garten gepflückten Weinblättern, gefüllt mit Reis und Fleisch und begleitet von Olivenöl sowie selbst gemachtem Joghurt als Dip, warm serviert. Weil es so nette kleine Happen sind, esse ich sie wie andere Leute Popcorn. Wir bereiten sie immer in großer Menge zu, denn am nächsten Tag schmecken sie genauso gut wie frisch aus dem Topf.

WAS BEDEUTET GRIECHENLAND FÜR SIE?

Als Sportlerin spüre ich in harten Momenten, wie mein griechisches Blut in mir pulsiert, – ein uraltes Wissen, ein starkes Herz, eine reiche Seele und ein freier Geist.

IHRE SCHÖNSTE ERINNERUNG AN GRIECHENLAND?

In Griechenland führen manche Menschen ein dekadentes Leben, und das geht einher mit fast unbeschreiblichem Luxus. Doch mich beeindrucken mehr die einfachen Dinge, die das Leben in Griechenland ausmachen können.

Dazu gehören die frisch gefangenen Sardinen, die die meisten nur als Fischköder ansehen, mit aromatischem Kalamata-Olivenöl und frischem Zitronensaft beträufelt und, begleitet von einem Glas eiskaltem Ouzo, in einer charmant-schäbigen kleinen Garage zusammen mit meinem Vater und seinen Freunden genossen, während sie alle aus vollem Halse, die Augen geschlossen und ein seliges Lächeln im Gesicht, zu den klassischen Klängen des *rebetiko* (griechischer Folklore-„Blues") tanzen und dabei die Arme über ihren Köpfen schwenken – und das in einer so bedrückenden Krisenzeit. Es ist diese nicht endende Fähigkeit zur Freude auch in schwierigen Momenten, die mich an Griechenland und an den Hellenen allgemein am meisten berührt. Dazu gehört auch, nach einer durchsegelten warmen Nacht in einer kleinen, einsamen Bucht aufzuwachen, in das tiefblaue Meer zu springen und über den Zauber der Welt zu lächeln. Das griechische Meer atmet und flüstert, wie ich es bisher nirgends sonst erlebt habe. Mit seinen intensiven Farben und seiner schmeichelnden Glätte regt es meine Sinne an und beruhigt mich zugleich. Es ist mein Ort des Glücks. Mein Vater und ich verbringen den Morgen damit, für unser Mittagessen zu fischen. Üblicherweise essen wir dann am Strand, und alles, was wir außer unserem Fang dazu brauchen, sind ein Messer, ein Löffel und eine Zitrone. Er heizt in der heißen Sommersonne Steine auf und brät auf ihnen unseren Oktopus und die Fische – absolut perfekt –, während ich für die Vorspeise unsere Seeigel aufknacke. Wir schauen uns an und lachen, während wir königlich speisen, vor unseren Augen der Himmel auf Erden und als einzige Zeugen um uns herum nur die Götter.

Smyrna-Würstchen

Σουτζουκάκια · Soutzoukakia

Diese herzhaften „Würstchen" (eigentlich wäre „Klöße" treffender), die in einer intensiv aromatischen, mit Kreuzkümmel gewürzten Tomatensauce daherkommen, gehören zu jenen sehr beliebten Gerichten, die in den 1920er-Jahren von den Flüchtlingen aus Kleinasien nach Griechenland gebracht wurden. Viele von ihnen hatten seinerzeit nichts weiter als die Kleider, die sie am Leib trugen, dazu ihre Kochrezepte und ihre Musik im Gepäck. Aber sie übten einen enormen Einfluss auf die Kultur und Küche ihrer neuen Heimat aus. Vorzüglich passen zu den Würstchen Pommes frites oder Reis-Pilaw. Falls Sie keinen Rotwein zur Hand haben, verwenden Sie zum Einweichen des Brotes Essig mit Wasser, im Verhältnis 1:1.

1

Für die Würstchen: das Brot zerpflücken und im Wein (oder Essig/Wasser) 30 Min. einweichen, anschließend gründlich mit den Händen ausdrücken. Hackfleisch, Zwiebel, Knoblauch und Kreuzkümmel sowie Salz und Pfeffer nach Geschmack hinzufügen. Alles gründlich vermengen. Aus der Masse etwa 7 cm lange und 5 cm dicke „Würste" formen. Vor der eigentlichen Zubereitung für mindestens 1 Std. in den Kühlschrank stellen. Das Öl in einer großen Pfanne auf mittlerer bis großer Stufe erhitzen. Die Würstchen braten, bis sie durchgegart sind. Auf Küchenpapier entfetten und beiseitestellen. Das Bratöl für später aufbewahren.

2

Für die Sauce: die Tomaten in einen mittelgroßen Topf füllen, Zwiebel, Knoblauch, Zucker und Orangenschale (falls verwendet) zufügen. Alles einmal aufkochen und dann bei verminderter Temperatur köcheln lassen, bis sich eine sämige Sauce ergibt. Kreuzkümmel sowie Salz und Pfeffer nach Geschmack einrühren. Die Sauce noch 1 bis 2 Min. köcheln lassen.

3

Etwa 10 Min. vor dem Essen die Würstchen in die Sauce einlegen und einige EL des Bratöls zufügen. Das Ganze köcheln lassen, sodass sich die Aromen verbinden. Nach Bedarf etwas Wasser oder Rotwein hinzugießen. Servieren.

Zutaten *(Für 6–8 Personen)*

Für die Würstchen

* ½ Laib griechisches oder italienisches rustikales Weißbrot, ohne Rinde
* 120 ml Rotwein (ersatzweise 60 ml Essig, gemischt mit 60 ml Wasser)
* 1 kg Hackfleisch vom Rind
* 1 Zwiebel, gerieben
* 3 Knoblauchzehen, fein gehackt
* 2 TL gemahlener Kreuzkümmel
* Salz und frisch gemahlener schwarzer Pfeffer
* 125 ml Olivenöl

Für die Sauce

* 1 kg frische Tomaten, halbiert und ohne Schale fein gehackt, oder 1 Dose (800 g) ganze Tomaten, zerdrückt
* 1 Zwiebel, gerieben
* 2 Knoblauchzehen, zerdrückt
* 1 TL Zucker (nach Belieben)
* 1 Stück getrocknete Orangenschale (nach Belieben)
* 2 TL gemahlener Kreuzkümmel (nach Geschmack auch weniger oder mehr)
* Salz und frisch gemahlener schwarzer Pfeffer

COSTA PILAVACHI

Costa Pilavachi wurde in London geboren, wuchs aber hauptsächlich in Kanada, den Vereinigten Statten und Griechenland auf. Sein berufliches Leben drehte sich immer um klassische Musik. Seine beruflichen Anfänge hatte er in Ottawa und Toronto, dann arbeitete er als künstlerischer Leiter des Boston Symphony Orchestra unter Seiji Ozawa, bevor er sich der Schallplattenindustrie zuwandte, mit Philips Classics in den Niederlanden als erster Station. Später fungierte er als President von Decca und EMI Classics, heute bekleidet er den Posten des Senior Vice President bei der Universal Music Group International, dem weltweit führenden Musikunternehmen. Er berät, verpflichtet, fördert und arbeitet mit aufstrebenden und bereits renommierten Künstlern aus aller Welt und ist darüber hinaus für viele Spitzenmusiker und Organisationen als Berater tätig. Nebenbei ist Costa leidenschaftlicher Segler und ein exzellenter Koch.

IHR GRIECHISCHES LIEBLINGSESSEN?

Lammfrikassee mit krauser Endivie und *avgolemono* (Ei-Zitronen-Sauce). Ein Gedicht!

WAS BEDEUTET GRIECHENLAND FÜR SIE?

In Griechenland werden meine Fantasien Wirklichkeit. Fast mein ganzes Leben habe ich im Ausland verbracht und träumte derweil von langen, heißen Sommern auf den Inseln. Heute kann ich es mir erlauben, das Land öfter zu besuchen, und jedes Mal ist es ein echtes Erlebnis. In Griechenland bin ich am glücklichsten, egal ob im Sommer oder Winter. Das hat mit dem Licht zu tun, mit dem Essen, der Nähe zur Natur, dem wunderbaren Wesen der Menschen, ihrem Sinn für Humor.

IHRE SCHÖNSTE ERINNERUNG AN GRIECHENLAND?

Es gibt so viele glückliche Erinnerungen. Aber die Sommer, die ich in den Sechzigerjahren auf Spetses verbrachte, in denen ich mit meinen Cousins dort segelte, barfuß in der Diskothek Blueberry Hill tanzte und überall auf der Insel mit dem Fahrrad unterwegs war, sind für mich unvergesslich.

Liz'
Wassermelonen-Gazpacho

Το γκασπάτσο της Λιζ με καρπούζι · To gaspacho tis Liz me karpouzi

Meine Frau Liz mag es, wenn kalt zubereitete Suppen im Gazpacho-Stil keine schwer verdaulichen Zutaten enthalten wie etwa rohe grüne Paprikaschoten, Zwiebeln oder Knoblauchzehen, obwohl sie eigentlich in den meisten Rezepten dieser Art vorkommen. Ihrer Meinung nach ist eine herzhafte Kombination von Grundzutaten die Hauptsache, und so entsteht dann ohne viel weiteres Beiwerk eine äußerst köstliche Gazpacho. Ich persönlich serviere die hier vorgestellte Suppe gern als Amuse gueule, also gewissermaßen als Aperitif, in Espressotassen zusammen mit anderen Kleinigkeiten, und nicht selten fragen Gäste nach einer zweiten oder dritten Portion. Wählen Sie für diese Gazpacho eine kleine Wassermelone aus, möglichst kernlos, mit dunkelgrüner Schale und tiefrotem Fruchtfleisch. Ein solches Exemplar hat einen besonders intensiven Geschmack mit einer harmonischen Süße, die die Säure der Tomaten perfekt ausgleicht. Am besten eignen sich hier übrigens die großen Ochsenherztomaten, die sehr reif sein sollten und vor der Verwendung entkernt werden.

Zutaten

1

Wassermelone und Tomaten im Standmixer portionsweise glatt pürieren und in eine große Schüssel füllen. Gurkenwürfel, Knoblauchöl, Zitrusfruchtsaft und Kreuzkümmel (falls verwendet) sowie Salz nach Geschmack hinzufügen. Alles gründlich verrühren. Petersilie, Koriander und Minze in einer kleinen Schüssel vermengen.

2

Zum Servieren die Gazpacho in einzelne Suppenschalen schöpfen. Auf jede Portion einen Spritzer Tabasco und etwas frisch gemahlenen Pfeffer geben, zuletzt einen Löffel der Kräutermischung aufstreuen.

Falls Sie eine perfekt samtig glatte Suppe wünschen, die Gurke zusammen mit der Melone und den Tomaten pürieren.

* 920 g Wassermelone, geschält, entkernt und gehackt
* 400 g Tomaten, enthäutet, entkernt und gehackt
* 1 Salatgurke, geschält, entkernt und fein gewürfelt
* 2 EL Olivenöl mit Knoblaucharoma
* Saft von 1 Bio-Zitrone oder Bio-Limette (ich kombiniere beides, halb und halb)
* ½ TL gemahlener Kreuzkümmel (nach Belieben)
* Meersalz und frisch gemahlener schwarzer Pfeffer
* 1 kleines Bund Petersilie, fein gehackt
* 1 kleines Bund Koriandergrün, fein gehackt
* 1 Handvoll frische Minzeblätter, fein gehackt
* Tabasco

Meeresfrüchte-Risotto

Ριζότο με θαλασσινά · Risoto me thalassina

Am besten schmeckt dieser Risotto mit gemischten Meeresfrüchten, ebenso würde sich als Alternative Filet von fest- und weißfleischigem Fisch gut eignen. Der Fischfond sollte nicht zu kräftig sein, daher wird er am besten mit Wasser im Verhältnis 1:1 auf die angegebene Menge verdünnt. Frischer Fischfond ist natürlich die erste Wahl, aber auch ein Fertigprodukt aus dem Glas oder sogar Fischbrühwürfel wären akzeptabel.

1

Den Fischfond in einem kleinen Topf zum Köcheln bringen und warm stellen.

2

In einer großen Pfanne einen Teil des Öls auf mittlerer bis großer Stufe erhitzen. Die Meeresfrüchten portionsweise hineingeben (die Pfanne sollte nicht überfüllt sein) und etwa 1 Min. braten, dass sie nicht mehr ganz roh, aber auch nicht ganz durchgegart sind. In eine Schüssel geben. Zuletzt den Fond aus der Pfanne abgießen und auffangen.

3

Die Butter in einem weiten, flachen Topf mit schwerem Boden auf mittlerer Stufe zerlassen. Die Zwiebel darin unter ständigem Rühren mit einem Holzlöffel glasig dünsten. Den Reis dazugeben und 60 bis 90 Sek. unablässig rühren, bis die Körner gleichmäßig von der Butter überzogen sind. Mit dem Weißwein ablöschen und weiter rühren, bis er fast vollständig vom Reis aufgenommen ist.

4

Eine erste Schöpfkelle des heißen Fischfond (etwa 100 ml) in den Topf mit dem Reis gießen und rühren. Darauf achten, dass der Reis nicht am Topfboden oder -rand ansetzt. Wenn fast keine Flüssigkeit mehr im Topf ist,

Zutaten *(Für 4 Personen als Hauptgericht oder für 6 Personen als Vorspeise)*

* 1,2 l Fischfond
* 4 EL Olivenöl
* 1 kg Meeresfrüchte (z.B. Tintenfisch, Oktopus, Garnelen und Venusmuscheln), küchenfertig vorbereitet und bei Bedarf in 1,5 cm große Stücke geschnitten
* 4 EL Butter
* 70 g Zwiebel, fein gewürfelt
* 450 g Arborio- oder Carnaroli-Reis
* 4 EL trockener Weißwein
* 5–6 EL frische Petersilie, gehackt
* 50 g Parmesan, gerieben (nach Belieben)
* Meersalz und frisch gemahlener weißer Pfeffer

wieder eine Kelle Fond dazugießen und weiter rühren. Auf diese Weise fortfahren, bis der Fond nach 20 bis 25 Min. aufgebraucht ist.

5 Wenn der Reis fast gar ist, die Meeresfrüchte zusammen mit dem Fond aus der Pfanne und der Petersilie unterziehen. Den Risotto etwa 2 Min. unter ständigem Rühren weiter garen.

6 Sobald Sie mit der Konsistenz des Risotto zufrieden sind, den Topf vom Herd nehmen. Den Parmesan (falls verwendet) einrühren. Den Risotto mit Salz und Pfeffer nach Bedarf abschmecken. Einen Deckel auflegen, den Risotto einige Minuten ruhen lassen und dann sofort servieren.

Prickelnde Zabaglione

Κρέμα ζαμπαγιόνε με σαμπάνια · Krema zabaglione me sampania

*Hier eine besonders festliche, leicht prickelnde Version des italienischen Klassikers.
Obwohl sie genauso üppig ist wie das Original, fühlt sie sich doch leichter an.*

1 Die Erdbeeren auf 4 bis 6 Dessertschalen verteilen.

2 Die Eigelbe mit dem Zucker in einer hitzebeständigen Schüssel cremig rühren. Die Schüssel in einen Topf einhängen, der 2,5 cm hoch mit köchelndem Wasser gefüllt ist (ihr Boden darf mit dem Wasser nicht in Berührung kommen). Die Eigelb-Zucker-Mischung mit einem Schneebesen schaumig aufschlagen. Langsam den Champagner dazugießen und dabei ständig weiter schlagen, bis nach etwa 10 Min. eine dickschaumige Creme entsteht.

3 Vom Herd nehmen, das Kirschwasser einrühren und die Zabaglione auf die Beeren geben. Sofort servieren.

Zutaten *(Für 4–6 Personen)*

* 500 g Erdbeeren, entstielt, große Früchte halbiert, kleine unzerteilt
* 4 Eigelbe
* 65 g Zucker
* 180 ml Champagner oder anderer guter Schaumwein, raumtemperiert
* 2 EL Kirschwasser, Cognac oder anderer Obstbrand

DAN & DEAN CATEN

*Die Zwillingsbrüder erblickten 1964 in Kanada als die jüngsten von insgesamt neun Geschwistern das Licht der Welt.
Schon in früher Jugend begeisterten sie sich für Mode und legten quasi den Grundstein für ihre Karriere,
indem sie Outfits für ihre älteren Schwestern entwarfen. Nach einem Studium an der Parsons School of Design und
auch vorübergehender Tätigkeit in New York zog es sie 1991 auf der Suche nach einem neuen Abenteuer in die Fashion-
Welt nach Mailand. Ihre erste Männerkollektion erwies sich 1995 als Runway-Erfolg und gab die zukünftige Richtung
für ihr Label Dsquared2 vor. Damit räumten sie mit dem traditionellen Bild einer Luxusmodemarke auf.
Ihre Entwürfe machen Spaß, sie sind sexy, glamourös und unkonventionell, von lässigem Chic und einfach cool.
In der Folge nahmen Dan und Dean Caten auch Mode für Damen und für Kinder sowie Brillen und Unterwäsche in ihre
Kollektion auf und gewannen zahlreiche Fashion Awards. Sie fungierten als die offiziellen Designer für die Eröffnungs-
und Schlussfeier der Olympischen Spiele in Vancouver 2010, erhielten 2009 einen Stern auf dem Walk of Fame von
Toronto und wurden 2014 mit einem CAFA Outstanding Achievement Award geehrt. Die beiden Designer unterstützen
aktiv die gemeinnützigen Organisationen AMFAR und Fashion Cares.*

IHR GRIECHISCHES LIEBLINGSESSEN?

Das ist schwer zu beantworten, denn griechisches Essen ist auf seine Weise immer etwas Besonderes. Aber wenn wir uns entscheiden müssten, würden wir den klassischen griechischen Salat mit Feta wählen. Er ist perfekt für einen heißen Tag am Strand. Wenn uns der Sinn nach Süßem steht, gehört *kataifi* zu unseren Favoriten. Allerdings sind wir auch ganz versessen auf *tiropites*, jene köstlichen, knusprigen Teigdreiecke mit Käsefüllung. Auch *spanakopita* (Spinatpastete, siehe S. 97, 142) ist zweifellos ein absoluter Genuss, sättigend, aber auch sehr gesund, und ebenfalls ganz oben

auf unserer Hitliste. Und nicht zu vergessen natürlich, wenn wir von Griechenland sprechen, die Oliven, der Wein, der Käse, der frische Fisch. All das ist Griechenland, es hat seinen ganz eigenen, einzigartigen „Sound"!

WAS BEDEUTET GRIECHENLAND FÜR SIE?

Für uns ist Griechenland und ganz besonders Mykonos fast wie eine zweite Heimat. Wenigstens einmal im Jahr fahren wir mit all unseren Freunden und der Familie auf die Insel, und mit ihr verbinden wir einige unserer schönsten Erinnerungen. Wir kennen ihre Hauptstadt gut, die Menschen sind so herzlich, und die Strände sind hinreißend. Mit ihren Farben und Düften schafft es die Insel, dass wir uns immer gleich angekommen und zu Hause fühlen. Es ist ein Ort, an dem wir einfach entspannen und Spaß haben können. Seit der Eröffnung unsere Boutique auf Mykonos haben wir gute Gründe, öfter dorthin zu reisen. Wir lieben es, wie Mykonos uns immer willkommen heißt!

IHRE SCHÖNSTE ERINNERUNG AN GRIECHENLAND?
Zweifellos ist die Einweihung unserer Boutique auf Mykonos eine ganz besondere Erinnerung. Nachdem wir so viele Jahre dort Ferien gemacht und dabei jeden Winkel der Insel genossen haben, war es uns ein großes Vergnügen und hat uns auch mit Stolz erfüllt, ein Geschäft an einem Ort zu eröffnen, den wir so sehr schätzen.

Kataifi-Nester
mit Eiscreme & Schattenmorellen in Sirup
Φωλιές με κανταΐφι με παγωτό και γλυκό του κουταλιού βύσσινο
Folies me kataifi me pagoto kai glyko tou koutaliou vissino

Unter *kataifi* versteht man in feinste Streifen geschnittenen Weizenteig (der Teig selbst heißt ebenfalls *kataifi* oder Filo). Genau wie Filo-Teigblätter findet man *kataifi* abgepackt im Kühlregal griechischer und türkischer Lebensmittelläden. Die Struktur ist so fein, dass die italienische Pastasorte Capelli d'angelo dagegen fast etwas grob wirken. Gewöhnlich wird *kataifi* zu sirupgetränkten Rollen verarbeitet, die mit einer Walnussmischung gefüllt sind. Nicht so überwältigend süß ist das hier vorgestellte Dessert, das knusprigen Teig mit zart schmelzender Eiscreme und dazu, als extra Gaumenkitzel, Sauerkirschen verbindet.

1 Den Backofen auf 165 °C vorheizen.

2 *Für den Sirup:* alle Zutaten in einen kleinen Topf geben. Auf kleiner Stufe 7 Min. köcheln lassen. Vom Herd nehmen und abkühlen lassen.

3 *Kataifi* in 12 gleich große Stücke schneiden. Mit diesen die Mulden eines Muffin-Blechs so auskleiden, dass nicht nur der Boden, sondern auch ein Teil des Randes bedeckt sind. Die Körbchen gleichmäßig mit der zerlassenen Butter bestreichen. Im vorgeheizten Ofen etwa 30 Min. backen, bis der Teig goldbraun ist. Esslöffelweise den abgekühlten Sirup darüberträufeln. Die Nester vollständig auskühlen lassen. Aus der Form lösen. Jeweils einen großen Löffel Eiscreme hineingeben und darauf 2 EL Schattenmorellen in Sirup verteilen. Servieren.

Zutaten *(Für 12 Stück)*

Für den Sirup
* 240 ml Wasser
* 200 g Zucker
* 1 EL Maissirup
* 1 Zimtstange
* 1 Streifen fein geriebene Schale von einer Bio-Zitrone plus 1 EL Zitronensaft

* 250 g Kataifi-Teig (aus einem türkischen Lebensmittelgeschäft)
* 100 g Butter, zerlassen
* Eiscreme
* 2 EL Schattenmorellen in Sirup (siehe S. 88) pro Portion

i *Nach Belieben 250 g Honig anstelle des Sirups verwenden. Den Honig in einem kleinen Topf auf mittlerer Stufe erhitzen, bis er zu blubbern beginnt. Vom Herd nehmen und über die* Kataifi*-Körbchen träufeln. In Griechenland würden wir dieses Dessert mit* kaimaki*-Eiscreme servieren. Sie ist mit* mastiha *zubereitet, dem vom Mastixstrauch gewonnenen Harz, das dem Eis nicht nur ein charakteristisches Aroma, sondern auch eine festere Konsistenz verleiht.*

DEAN KARNAZES

Läufer, Surfer, Fitness-Freak, Schriftsteller, Grenzgänger... Dean Karnazes schöpft
„aus einer Quelle, die wie ein Sturzbach ist, so kraftvoll wie eine herabrollende Lawine".
Man kennt ihn als den Ultramarathonmann, der in 50 Tagen 50 Marathonläufe in 50 US-Bundesstaaten
absolvierte. Er ist Buchautor und Vorsitzender seines Unternehmens Good Health Natural Foods.
Laut Time Magazine zählt er zu den 100 einflussreichsten Menschen der Welt, eine andere Instanz
erklärte ihn zum wahrscheinlich fittesten Menschen der Welt. Er leitet die Stiftung Karno Kids, die gegen
Übergewicht bei Kindern kämpft. Zugleich vermittelt Dean auf einzigartige Weise, wie sich Erfahrungen,
die man im Sport macht, auf die Geschäftswelt übertragen lassen. Nicht von ungefähr war er
in dieser Mission bisher schon für mehrere Unternehmen aus der „Fortune Global 500"-Liste sowie
für einige Start-ups tätig.

IHR GRIECHISCHES LIEBLINGSESSEN?
Frischer Fisch. Ich liebe griechisches Essen
aus dem Meer.

WAS BEDEUTET GRIECHENLAND FÜR SIE?
Arête. Harmonie von Körper, Geist und Seele.

IHRE SCHÖNSTE ERINNERUNG AN GRIECHENLAND?
Schwimmen bei der Insel Ikaria, von der die Familie
meiner Mutter stammt.

Quiche einmal anders als bei Oma

Τάρτα λαχανικών με κινόα · Tarta lachanikon me kinoa

Zutaten *(Für 6 Personen)*

* ½ Spaghettikürbis, halbiert, Kerne entfernt
* 1 EL Kokosöl
* ½ weiße Zwiebel, gewürfelt
* 30 g Babyspinat
* 185 g Quinoa, gekocht
* 30 g sonnengetrocknete Tomaten, in feine Streifen geschnitten
* 4 Eier, verquirlt
* 1 Prise Cayennepfeffer
* Grobes Meersalz und frisch gemahlener Pfeffer

1 Den Backofen auf 190 °C vorheizen.

2 Die Kürbishälften mit der Schnittfläche nach unten auf ein Backblech legen und im Ofen garen, bis das Fruchtfleisch nach 40 bis 45 Min. weich ist.

Inzwischen das Kokosöl in einer mittelgroßen Pfanne auf mittlerer Stufe erhitzen. Die Zwiebel unter häufigem Rühren glasig dünsten. Den Spinat dazugeben und 2 Min. mitdünsten. Vom Herd nehmen und abkühlen lassen. Die Backofentemperatur auf 160 °C herunterschalten.

3 Das Kürbisfruchtfleisch über einer Schüssel mit einer Gabel aus den Schalen lösen. Die Spinat-Zwiebel-Mischung, die Quinoa und die Tomaten dazugeben; alles vermengen. Die verquirlten Eier zusammen mit dem Cayennepfeffer sowie Salz und Pfeffer nach Geschmack behutsam unterrühren. Die Masse in eine Pie-Form (Ø 23 cm) füllen. Die Quiche etwa 30 Min. backen, bis ein in die Mitte eingestochenes Messer sauber wieder herauskommt. Leicht abkühlen lassen; dann wie eine Torte aufschneiden und servieren. Mehrmals auf die eigene Brust schlagen, dabei laut „AROO! AROO! AROO!" rufen und genießen.

Gebackener Fenchel

Καραμελωμένος μάραθος στο φούρνο · Karamelomenos marathos sto fourno

Marathon (auf Neugriechisch marathonas) bedeutet übersetzt „Fenchelfeld", und tatsächlich wächst das Gemüse in der Ebene rund um die berühmte Gemeinde in Hülle und Fülle. Roher Fenchel schmeckt wie eine Mischung aus Staudensellerie und Lakritz. Wenn man ihn aber im Ofen gart, gewinnt er eine zusätzliche Note, die an Pinienkerne erinnert. Hier folgt ein ganz einfaches und dabei äußerst köstliches Rezept für das oft unterbewertete Gemüse. Falls Sie dafür Meersalz aus der Ägäis auftreiben können, umso besser!

Zutaten *(Für 4 Personen als Vorspeise)*

1 Den Backofen auf 200 °C vorheizen. Ein Backblech mit Alufolie auslegen.

2 Den Fenchel in eine Schüssel geben. Mit dem Olivenöl beträufeln und behutsam durchmischen. Mit Balsamessig beträufeln und nochmals durchmischen, bis alle Stücke gleichmäßig überzogen sind. Nach Geschmack salzen. Den Fenchel gleichmäßig auf dem vorbereiteten Blech verteilen und für 30 bis 40 Min. im vorgeheizten Ofen backen, bis die Stücke leicht karamellisiert sind. Servieren.

* 2 große Fenchelknollen, Wurzelansatz und Stiele abgeschnitten, Knollen längs halbiert und ebenfalls längs in 1 cm dicke Scheiben geschnitten
* 1 EL Bio-Olivenöl
* Balsamessig (Aceto balsamico) guter Qualität
* Meersalz

Smoothie à la Baklava

Μπακλαβάς στο ποτήρι · Baklavas sto potiri

Aus den Zutaten, die den betörenden Geschmack von Baklava ausmachen, entsteht hier im Handumdrehen ein gesundes Getränk.

Zutaten *(Für 1 Person)*

1 Alle Zutaten in einen Standmixer füllen und auf hoher Stufe zu einer glatten, schaumigen Mischung pürieren. Sofort servieren. *OPA!*

* 180 g Buttermilch
* 140 g griechischer Joghurt
* 1 EL Honig
* 1 ½ TL Pistazienkerne, gehackt
* 1 ½ TL Walnusskerne, gehackt
* 1 TL Saft von einer Bio-Zitrone
* 2 große Handvoll Eiswürfel

DIANA FARR LOUIS

Diana ist in New York geboren und auf Long Island aufgewachsen. Doch ein Gefühl von Heimat empfand sie erst, als sie in den 1960er-Jahren Griechenland für sich entdeckte. Begeistert von ihrer neuen Wahlheimat, erkundete sie mit dem Auto, zu Fuß und mit dem Segelboot beinahe jeden Winkel des Landes und begann, darüber zu schreiben. Es entstanden Reiseführer, über einen Zeitraum von zehn Jahren Reiseberichte für The Athens News *und zwei Kochbücher:* Prospero's Kitchen: Island Cooking of Greece *und* Feasting and Fasting in Crete. *Außerdem verfasste sie* The Secrets of the Greek Islands, Athens and Beyond, Travels in Northern Greece *sowie zahllose Artikel, einige für die* Huffington Post. *Sie schreibt regelmäßig für den Blog culinarybackstreets.com.*

IHR GRIECHISCHES LIEBLINGSESSEN?

So ziemlich alles, was aus dem Meer kommt, seien dies gebratene Ährenfischchen (*atherina*), Baby-Calamari, Miesmuscheln oder Rote Meerbarbe, Oktopus, Garnelen oder auch größere Fische – gegrillt, pochiert oder als Suppe. Je einfacher, desto besser. Griechisches Essen ist für mich immer Futter für die Seele.

WAS BEDEUTET GRIECHENLAND FÜR SIE?

In Griechenland ist mein Herz zu Hause. Ich liebe seine reiche Geschichte und wie diese mit Sagen verwoben ist. So kann es passieren, dass man auf einer Wanderung auf etwas trifft, das auf den Scheiterhaufen des Herakles verweisen könnte, oder man Hinweise auf den Königspalast des Odysseus findet. Unweigerlich fühle ich mich immer von der Schönheit der Inseln, der Olivenhaine und der Gebirge berührt, genauso wie von den Wildblumen – Anemonen im Spätwinter, Alpenveilchen im Frühjahr –, von den Düften, ob sie aus der Küche

kommen oder von Kräutern herrühren, auf die man bei einem Streifzug durch die Natur getreten ist, oder auch von Orangenblüten mitten in Athen; von den Klängen von Schafsglocken in den Hügeln, von den Kaíkis der Fischer, die aufs Meer hinausfahren, von den (manchmal derben) Rufen auf den Bauernmärkten, von einem Flötenspieler gleich neben der Römischen Agora. Vor allem aber fühle ich mich zu den Menschen hingezogen, ob sie guter Laune sind und ihr Leben genießen oder aber, ihr Mantra *„Ti na kanoume?"* („Was kann man da tun?") auf den Lippen, niedergeschlagen mit den Achseln zucken. Ich mag es, wie diese Menschen trotzdem durchhalten, stoisch und mit Kreativität. Es ist ein verrückter Ort, der einen in Rage bringt und das Herz erweicht. Um mit dem Schriftsteller Giorgos Seferis zu sprechen: „Wo immer ich auch reise, Griechenland verletzt mich." Und dennoch sehnt man sich, wenn man woanders ist, zurück dorthin. Vielleicht liegt es an seinen Widersprüchlichkeiten, dass das Land tiefe Freundschaften und auch spontane Begegnungen fördert. Und genau das lässt uns einfach weitermachen, auch in harten Zeiten wie diesen.

IHRE SCHÖNSTE ERINNERUNG AN GRIECHENLAND?

Wie könnte ich denn mehr als 50 Jahre in einer einzigen Erinnerung zusammenfassen? Soll ich davon berichten, wie ich das erste Mal an einem kristallklaren Morgen auf Spetses von jemandem mit „Gott zum Gruß und Freude an diesem Tag" begrüßt wurde? Oder von dem Hagelschlag, der mich auf dem Olymp ereilte und von einem Getöse begleitet war, als hätte der Donnergott Zeus selbst ihn inszeniert? Oder davon, wie ich in der Küche den Erzählungen Elenis lauschte, der Köchin meiner Schwägerin, die seit 1920 zur Familie gehörte? Davon, wie ich vor Alonissos mit einer Mönchsrobbe geschwommen bin? Von meinen Besuchen auf Elafonissos, Pserimos, Kastellorizo und der Koufonisia-Inselgruppe, abgeschiedenen Eilanden, bevor sie „entdeckt" wurden? Von der überwältigenden Gastfreundschaft auf Kreta, während ich auf der Suche nach Rezepten war? Davon, wie mein Sohn und ich von der gesamten Nachbarschaft in Maroussi willkommen geheißen wurden, als wir am 4. Juni 1972 dort ankamen, um das leer stehende Haus unserer Familie zu beziehen? Kaum ein Tag vergeht, ohne dass etwas Bemerkenswertes passiert, sei es nur, dass ich einen Wiedehopf oder die zauberhafte Blüte einer Bienen-Ragwurz entdecke, dass ich mit dem Gemüsehändler über einen Witz lache oder streite, dass mir unerwartet ein Freund über den Weg läuft oder dass mein Blick auf die vom Straßengewirr, Fernsehantennen und Sonnenkollektoren eingerahmte Akropolis fällt.

Auberginen mit kräftiger Knoblauchwürze

Μελιτζάνες σκορδοστούμπι · Melitzanes skordostoumbi

Dies ist mein Lieblingsrezept aus meinem Buch Prospero's Kitchen. *Es stammt von der Insel Zakynthos und ist eigentlich eine Entdeckung meiner damaligen Mitautorin June Marinos. Der Auflauf schmeckt so köstlich, dass er immer im Nu gegessen ist. Optimal wäre es, ihn am Vortag zuzubereiten, zumindest mehrere Stunden Vorlaufzeit sollte man ihm schon geben, damit er gut durchziehen kann. Ihn direkt aus dem Ofen heiß zu servieren, wäre jedenfalls ein Kardinalfehler. Begleitet von frischem Sauerteigbrot, Feta und reichlich Wein ein Genuss!*

1

Die Auberginenscheiben in ein Sieb geben, gleichmäßig mit Salz bestreuen und mindestens 40 Min. abtropfen lassen. Unter fließend kaltem Wasser abspülen und sorgfältig trocken tupfen. Eine große Pfanne 2,5 cm hoch mit Öl füllen und auf mittlerer Stufe erhitzen. Die Auberginenscheiben darin portionsweise von beiden Seiten leicht anbraten. Auf Küchenpapier entfetten.

2

Den Backofen auf 190 °C vorheizen.

3

Die Tomaten in einen großen Topf füllen, Zucker sowie Salz und Pfeffer nach Geschmack zufügen. Zu einer sämigen Sauce einköcheln lassen und zuletzt den Essig einrühren. Die Auberginenscheiben in eine ofenfeste Form schichten, dabei jede Lage mit gehacktem Knoblauch bestreuen. Das Ganze mit der Tomatensauce überziehen. Den Auflauf 30 Min. backen, anschließend im Ofen auskühlen lassen. Erst mehrere Stunden später oder auch am nächsten Tag servieren.

i

Für eine leichtere Variante die Auberginen-scheiben mit Öl einpinseln und grillen.

Zutaten *(Für 4–8 Personen)*

* 2 kg große runde Auberginen, ungeschält in 2 ½ cm dicke Scheiben geschnitten
* Salz und frisch gemahlener schwarzer Pfeffer
* Olivenöl zum Braten
* 2 kg reife Tomaten, enthäutet, halbiert, von den Kernen befreit und gestückelt oder 1 kg Dosentomaten
* ½ TL Zucker
* 2–3 EL Essig oder lieblicher Rotwein
* 1 ganze Knoblauchknolle, die Zehen vereinzelt, geschält und gehackt

Griechische Hackbällchen

Κεφτεδάκια · Keftedakia

Die Bezeichnung keftedes verweist auf die klassischen persischen kofta (von kōftan = eigentlich „mahlen"). In jeder Kultur gibt es Hackbällchen in der einen oder anderen Form. Mit diesem Rezept habe ich versucht, den keftedes, die Eleni oft im Haus meiner Schwägerin auf Spetses zum Mittagessen oder auch für Cocktailpartys auf der Terrasse zubereitete, so nahe wie möglich zu kommen. Sie sollen innen zart und saftig sein und außen herrlich knusprig. Eleni, die ursprünglich von der Insel Ikaria stammte, wurde sehr bewundert für ihre unschlagbare Kochkunst und ihre liebenswerte Art. Sie nannte uns alle chryso mou (übersetzt etwa „mein Goldstück") und wirkte niemals gereizt oder erschöpft, obwohl sie endlose Stunden in der Küche zubrachte und niemals zu rasten schien. Zwiebeln und Tomaten hackte sie direkt auf ihrer Handfläche, Schneidebretter fand sie überflüssig. Und niemals ließ sie etwas, das auf dem Herd stand, unbeaufsichtigt. Während Eleni seelenruhig mit Kochen beschäftigt war, gab sie eine Zutat hinzu, die nicht mit Händen zu greifen ist: agape, also Liebe. Sie war in jedem ihrer Gerichte zu spüren, und deshalb ist es so schwierig, diese nachzukochen. „Du kannst nicht einfach Dinge in einen Topf schmeißen, diesen auf den Herd stellen und dann weggehen, um die Betten zu machen. Du musst dabeibleiben, und dich um dein Essen kümmern, bis es fertig ist."

1

Das Brot im Wein einweichen; ausdrücken und in eine große Schüssel geben. Hackfleisch, Zwiebel, Ei, Petersilie, Minze, Oregano, 1 EL Öl und den Knoblauch sowie Salz und Pfeffer nach Geschmack zufügen. Alle Zutaten mit den Händen vermengen und kneten, bis sich eine gleichmäßige und ziemlich glatte Masse ergibt. Für etwa 1 Std. zugedeckt in den Kühlschrank stellen, damit sich die Aromen entfalten.

2

Für die Fleischbällchen von der Masse jeweils eine walnussgroße Portion (etwa 1 EL) abnehmen und mit den Händen zu Kugeln rollen. Die Bällchen dann in einem Teller (oder in einer Papiertüte) in Mehl wälzen, bis sie gleichmäßig überzogen sind.

3

Eine große Pfanne 2,5 cm hoch mit Öl füllen und auf mittlerer Stufe erhitzen. Die Fleischbällchen portionsweise hineingeben und braten, bis sie rundum gebräunt sind. Auf Küchenpapier entfetten und anschließend – dies ist eines von Elenis Küchengeheimnissen – erneut kurz braten. (So hat sie es auch mit den Bratkartoffeln gemacht, die so gut zu den keftedakia passen.) Dadurch werden die Fleischbällchen besonders knusprig und außerdem richtig durchgegart.

Zutaten *(Ergibt etwa 25 Stück)*

* 250 g Weißbrot vom Vortag, ohne Rinde
* 125 ml Wein – rot oder weiß, was immer gerade offen ist
* 500 g Hackfleisch vom Rind oder eine Mischung von Rind und Schwein
* 1 Zwiebel, gerieben
* 1 Ei, verquirlt
* 3 EL frische Petersilie, fein gehackt
* 3 EL frische Minze, fein gehackt
* 1 EL getrockneter Oregano
* 1 EL Olivenöl plus mehr zum Braten
* 1–2 Knoblauchzehen, fein gehackt
* Salz und frisch gemahlener schwarzer Pfeffer
* Mehl

i

Für eine Variante, die den anschließenden Spülaufwand verringert und gesünder ist, die Bällchen auf einem Blech im auf 200 °C vorgeheizten Backofen garen. Wenn ich mich für diese Methode entscheide, lasse ich das Mehl weg und beträufle die Fleischbällchen stattdessen mit ein wenig Sojasauce. Insgesamt beträgt die Garzeit in diesem Fall 15 bis 20 Min., dabei die Bällchen nach der Hälfte der Zeit umdrehen.

Rosinenkuchen

Σταφιδόπιτα · Stafidopita

Hier zeige ich mein Lieblingsrezept aus meinem Buch Feasting and Fasting in Crete*.*
Es kommt aus Siteia, der griechischen „Rosinenhauptstadt". Der Kuchen hat eine leicht karamellige Knusperkruste,
während sein Inneres mich an einen altmodischen Hochzeitskuchen erinnert, wobei er saftiger ist.
Einst erfunden, um die Fastenzeiten zu versüßen, kommt der Kuchen ohne Eier und Milch aus, und als Backfett dient
bestes Olivenöl. An einem winterlichen Nachmittag oder Abend ist er einfach köstlich. Sollte etwas übrig bleiben,
lässt sich der Kuchen in leckere Zwiebacke zum Eintunken in Kaffee oder Tee verwandeln. Diesen dafür einen oder zwei
Tage stehen lassen, in gleichmäßige Stücke schneiden und im Ofen auf niedriger Temperatur trocknen, bis sie nach
etwa 1 Std. ganz hart sind. Sie halten sich endlos.

1

Den Backofen auf 190 °C vorheizen.
Eine Springform (Ø 24 cm) dünn mit
Öl ausstreichen.

2

Die Rosinen etwa 10 Min. im Branntwein
quellen lassen, anschließend in einer
Küchenmaschine hacken. Das Natron
in den Orangensaft einrühren.
Das Mehl mit dem Zimt und den Nelken
in eine Schüssel sieben. In einer zweiten,
größeren Schüssel das Öl mit dem Zucker
cremig rühren. Nach und nach den Orangensaft und -abrieb, das Mineralwasser, die
Walnüsse und die Rosinen unterrühren.
Anschließend das Mehl in kleineren
Portionen gleichmäßig untermengen, sodass
schließlich eine glatte, dickflüssige Masse
entsteht. In die vorbereitete Form gießen.
Den Kuchen im vorgeheizten Ofen etwa
1 Std. backen – er ist gar, wenn man ein
scharfes Messer in die Mitte einsticht und
es ohne flüssige Teigreste wieder herauskommt. Aus dem Ofen nehmen, abkühlen
lassen und erst dann aus der Form lösen.

Zutaten *(Für 10 Personen)*

* 300 g Rosinen
* 4 EL kretischer Raki (Tsikoudia)
  oder ein anderer Branntwein
* 1 EL Natron
* Abgeriebene Schale von 1 Bio-Orange
  plus 120 ml Orangensaft
* 430 g Mehl
* 1 TL gemahlener Zimt
* ½ TL gemahlene Gewürznelken
* 240 ml natives Olivenöl extra
* 200 g Zucker
* 120 ml kohlensäurehaltiges Mineralwasser
* 150 g Walnusskerne, gehackt

DIANE KOCHILAS

Als renommierte Köchin, preisgekrönte Kochbuchautorin und Betreiberin einer Kochschule trägt Diane Kochilas seit vielen Jahren erfolgreich dazu bei, die gesunde und schmackhafte griechische Küche einem breiten internationalen Publikum näherzubringen. Jeden Sommer organisiert sie auf ihrer griechischen Heimatinsel Ikaria mehrere Kochkurse, in denen die Teilnehmer neben der traditionellen Küche im direkten Kontakt mit Einheimischen auch andere gesunde Aspekte der dortigen Lebensweise kennenlernen können. Als Beraterin stellt sie ihr Kochwissen verschiedenen griechischen Nobelrestaurants in den USA zur Verfügung. Außerdem schrieb sie bisher 18 Bücher über die griechische und mediterrane Küche, darunter Ikaria: Lessons on Food, Life, and Longevity from the Greek Island Where People Forget to Die; The Country Cooking of Greece, *im Jahr 2012 in der* New York Times *unter den 100 besten Büchern genannt und* The Glorious Foods of Greece, *das für seine fundierte Wissensvermittlung mit dem begehrten Jane Grigson Award der IACP (International Association of Culinary Professionals) ausgezeichnet wurde.*

In Griechenland moderierte sie eine beliebte Kochsendung im Fernsehen, deren griechischer Titel sich übersetzen ließe als "Was gibt's heute zu essen, Mama?", und verfasste regelmäßig Kolumnen für die dortige größte Tageszeitung Ta Nea. *In den USA trat sie in vielen großen Fernsehshows auf und arbeitete mit verschiedenen Universitäten landesweit zusammen, um den Speiseplan der Studenten mit gesunder griechischer Küche zu bereichern. Diane pendelt zwischen New York, Ikaria und Athen hin und her.*

IHR GRIECHISCHES LIEBLINGSESSEN?

Das eine griechische Lieblingsessen gibt es für mich nicht, denn die Küche ist stark saisonal geprägt. Und nach meinen 23 Jahren hier im Land habe ich gelernt, mich darauf zu freuen, was die nächste Jahreszeit Schönes bringen wird. Feigen und die dunklen, süßen Fokiano-Trauben von Ikaria im August. Rote Florina-Paprikaschoten, die ich im September grille und dann mit Rosmarin und Knoblauch in Olivenöl einlege. Kürbisse, mit denen sich herzhafte wie auch süße Pasteten zubereiten lassen im Oktober. Frisch gepresstes, pfeffriges Olivenöl im November. Die weihnachtlichen Süßigkeiten, *melomakárona, kourambiedes* und die honiggetränkten Krapfen, die bei uns auf Ikaria *xerotigana* heißen. Köstlicher, knackiger Kohl mitten im Winter und die Weißkohl-*dolmades* und pikant-würzigen

Salate, die wir damit zubereiten. So viel grünes Blattgemüse von November bis Mai und darüber hinaus, einfach gekocht und mit Meersalz aus Ikaria, herrlichem Olivenöl und etwas Zitronensaft zubereitet. Junge, zarte Weinblätter, die eingefroren oder in Lake eingelegt oder auch frisch gefüllt werden, wobei all die Frühjahrskräuter, vor allem wilder Fenchel, zur Verwendung kommen. Griechische Kirschen und Aprikosen. Griechische Pfirsiche. Und vielleicht das Beste von allem: griechische Tomaten, soeben vom Strauch gepflückt und noch sonnendurchwärmt. Bringt man sie mit dem kraftvoll würzigen Oregano von Ikaria, Olivenöl und echtem Feta zusammen, braucht man außerdem nur noch eine Scheibe Weißbrot nach alter Tradition gebacken, und man hat die Essenz Griechenlands auf dem Teller: unverfälschte Nahrungsmittel mit unverfälschten Aromen, saisonal, schnörkellos und ehrlich.

WAS BEDEUTET GRIECHENLAND FÜR SIE?

Mana (Mutter). Licht. Wasser. Salz. Felsen. Pinien. Staub. Honig. Violinenklänge. Trancetanz. *Filotimo* (Ehrgefühl). Erotik. Leben. Gott. Griechenland, seine Natur, seine Energie – ich kann es nicht wirklich benennen, doch man spürt etwas Elementares, das den Mensch mit dem Leben in Kontakt bringt, anstatt ihn aus dem Leben auszugrenzen, wie es in den USA, wo ich aufwuchs, geschieht. Griechenland erlaubt uns, wahrhaftig zu sein, wir müssen nichts vortäuschen – die Ironie dabei ist, dass man hier gleichzeitig so viel Ego, so viel Murren und Klagen begegnet. Aber es gibt eine tiefe Authentizität, die immer und überall zu spüren ist. Das menschliche Erleben hat hier mehr Tiefe als irgendwo sonst, wo ich bisher gelebt habe oder gewesen bin.

IHRE SCHÖNSTE ERINNERUNG AN GRIECHENLAND?

Das erste Mal, als ich am Nachthimmel über Ikaria, fernab jeder Stadtbeleuchtung, die Milchstraße erblickte. Das erste Mal, als ich im August Sternschnuppen sah. Das erste Mal, als ich ins Ägäische Meer stieg und erschrak, weil ich meine Zehen sehen konnte. Das erste Mal, als ich an einer echten Gartentomate schnupperte oder auch, als ich eine zwölf Jahre lang gehegte Abneigung davor überwand, in eine reife, weiche Feige zu beißen. Das erste Mal, als ich den *kariotiko* tanzte und unter den Klängen der Violine oder der *gaida* (Dudelsack) in einen tranceähnlichen Zustand geriet, was übrigens heute noch passiert. Das erste Mal – das war so um 1975 –, als ich die ganze Nacht hindurch *kariotiko* tanzte und danach durch Ikarias Pinienwälder auf staubigen Wegen nach Hause lief, berauscht von all diesen Düften nach Pinien, Staub, Honig, Jasmin und dem Salz des Meeres.

Oktopus mit Auberginen nach Art von Epanomi

Χταπόδι με μελιτζάνες από την Επανομή
Htapodi me melitzanes apo tin Epanomi

1

Den Oktopus für einige Minuten in eine Mischung aus warmem Wasser und Essig einlegen; anschließend gründlich abspülen. Mit einem scharfen Messer den Körperbeutel knapp unterhalb der Augen abschneiden. An der Schnittfläche die harten Kauwerkzeuge ertasten, nach unten herausdrücken und herausschneiden. Den Oktopus erneut abspülen und abtropfen lassen.

2

Den Oktopus in einen weiten Topf mit schwerem Boden setzen und mit Wasser bedecken; Pimentbeeren und Lorbeerblätter dazugeben. Einmal aufkochen und dann bei verminderter Hitze köcheln lassen, bis das Fleisch nach 40 bis 50 Min. gar ist, sich aber noch fest anfühlt. Den Oktopus aus dem Sud heben (diesen nicht weggießen, er wird später noch benötigt) und leicht abkühlen lassen. Die Fangarme abtrennen und jeweils in acht Stücke schneiden.

3

Während der Oktopus gart, den Backofen auf 180 °C vorheizen.

4

In einer großen Pfanne mit schwerem Boden das Öl auf mittlerer Stufe erhitzen. Die Auberginenscheiben darin unter häufigem Wenden einige Minuten braten, bis sie gar, aber noch bissfest sind. Mit einem Schaumlöffel aus der Pfanne heben und auf einem Teller beiseitestellen.

Zutaten *(Für 4 Personen als Hauptgericht oder für 8 Personen als Vorspeise)*

* 1 Oktopus (etwa 1,5 kg)
* 120 ml Rotweinessig
* 5–8 ganze Pimentbeeren
* 3 Lorbeerblätter
* 240 ml griechisches natives Olivenöl extra, plus mehr zum Beträufeln
* 3 längliche Auberginen, ungeschält quer in knapp 2 cm dicke Scheiben geschnitten
* 4 große Tomaten, enthäutet, von Kernen befreit und fein gehackt
* Salz und frisch gemahlener schwarzer Pfeffer

Die Tomaten in die Pfanne geben und auf mittlerer Stufe garen, bis der austretende Saft weitgehend verdampft ist und sich eine sämige Sauce ergibt. Vom Herd nehmen. Auberginen, Tomatensauce und Oktopus in eine ofenfeste Form (23 x 33 cm) geben und alles vermengen. Nach Geschmack salzen und pfeffern (sparsam salzen, da der Oktopus bereits salzig ist) und 125 ml des Oktopus-Kochsuds unterrühren. Das Ganze mit etwas Öl beträufeln und im vorgeheizten Ofen etwa 25 Min. garen, bis die Flüssigkeit verdampft ist und die Auberginen sowie der Oktopus sich mühelos mit einer Gabel zerteilen lassen.

i

Adaptiert aus The Country Cooking of Greece *(Chronicle Books, 2012)*

Grundrezept für selbst gemachten Filoteig

Σπιτικό φύλλο · Spitiko fyllo

Für die Zubereitung von Filoteig sind in den verschiedenen Regionen Griechenlands ungefähr so viele Anleitungen im Umlauf, wie es dort Köchinnen und Köche gibt. Hier folgt mein Grundrezept für einen Filoteig, der sich aufgrund seiner geschmeidigen Art gut bearbeiten und leicht ausrollen lässt und vielseitig zu verwenden ist. Als erster Praxistest bietet sich das nachfolgende Rezept für die Sommerpastete gefüllt mit Blattgemüse, Zucchini und Kräutern an. Für eine kleinere Pastete von etwa 25 cm oder vielleicht sogar nur 20 cm kann man das Teigrezept ohne Weiteres halbieren (dabei die Zutatenmengen für die gewählte Füllung entsprechend angleichen).

1

Eine Küchenmaschine mit dem Knethaken bestücken. In die Rührschüssel 510 g Mehl und das Salz geben und alles etwa 5 Sek. durchmischen. Wasser, Öl und Essig zufügen und die Zutaten bei niedriger Stufe 3 Min. vermengen. Die Geschwindigkeit auf die mittlere Stufe erhöhen und den Teig kneten, bis er schließlich glatt und elastisch ist und beginnt, sich um den Knethaken zu legen; nach Bedarf dabei weiteres Mehl einarbeiten (bei abgeschaltetem Gerät jeweils etwa 4 EL auf einmal dazugeben). Insgesamt sollte der Knetvorgang etwa 10 bis 12 Min. dauern.

2

Den Teig in eine mit Öl ausgestrichene Schüssel geben und diese gut mit Frischhaltefolie verschließen. Bei Raumtemperatur 1 Std. ruhen lassen, erst danach verarbeiten.

i

Adaptiert aus Ikaria: Lessons on Food, Life, and Longevity from the Greek Island Where People Forget to Die *(Rodale, 2014)*

Zutaten *(Ergibt ausreichend Teig für eine Pastete von 38–46 cm)*

* 550–700 g Weizenmehl Type 550 oder feines Hartweizenmehl
* 1 gestrichener TL Salz
* 300 ml Wasser
* 120 ml natives Olivenöl extra
* 1 EL Rotweinessig, Aceto balsamico, Ouzo oder Zitronensaft

Sommerpastete

gefüllt mit Blattgemüse, Zucchini & Kräutern

Χορτόπιτα καλοκαιρινή · Hortopita kalokerini

1

Die Zucchini in einem Sieb mit 1 EL Salz vermischen. Mit einem Teller abdecken und diesen beschweren (beispielsweise mit Konservendosen). Die Zucchini 1 bis 3 Std. oder auch über Nacht abtropfen lassen. Anschließend portionsweise mit den Händen möglichst kräftig ausdrücken und in eine große Schüssel füllen.

2

Den Backofen auf 190 °C vorheizen. Eine flache runde Backform oder Paellapfanne (38 cm) oder auch eine flache rechteckige Auflaufform (30 x 40 cm) dünn mit Öl ausstreichen.

3

In einer großen Pfanne 2 EL Öl auf mittlerer Stufe erhitzen. Zwiebeln und Fenchel darin weich dünsten. Das Blattgemüse untermischen und, sobald es zusammengefallen ist, die Pfanne vom Herd nehmen. Abkühlen lassen.
Den Pfanneninhalt zu den Zucchini in die Schüssel geben. Feta, Dill, Minze, Petersilie, Oregano, Kürbisblüten (falls verwendet) und 6 EL Öl hinzufügen. Die Zutaten vermischen; die Füllung zuletzt mit Salz und Pfeffer abschmecken.

4

Den Teig in vier gleich große Portionen teilen und diese zu Kugeln rollen. Auf einer leicht bemehlten Arbeitsfläche die erste Kugel zu einem Teigblatt folgender Größe ausrollen: für eine runde Backform etwa Ø 46 cm, für eine rechteckige Form jeweils etwa 8 cm länger und breiter als die Form selbst. Das Teigblatt so in die vorbereitete Form legen, dass ringsum ein etwa 4 cm breiter Rand überhängt. Gleichmäßig mit 2 EL Öl bestreichen. Mit der zweiten Teigkugel genauso verfahren

Zutaten *(Für 8–10 Personen)*

* 1,5 kg möglichst große Zucchini, grob geraspelt
* Salz und frisch gemahlener schwarzer Pfeffer
* 120 ml Olivenöl plus 120 ml zum Bestreichen des Teigs
* 3 große rote Zwiebeln, fein gewürfelt
* 1 große Fenchelknolle, Wurzelansatz und Stiele abgeschnitten, die Knolle fein gehackt
* 225 g Blätter Mangold, gehackt
* 170 g Feta, zerbröckelt
* 60 g frischer Dill, gehackt
* 60 g frische Minze, gehackt
* 60 g frische Petersilie, gehackt
* 1 Bund frischer Oregano, die Blätter abgezupft und fein gehackt
* 5–10 Kürbisblüten, geputzt und fein gehackt (nach Belieben)
* 1 Portion selbst gemachter Filoteig, raumtemperiert (siehe S. 75)

und das Blatt auf die erste Teigschicht legen. Ebenfalls mit 2 EL Öl bestreichen. Die Füllung in der Form gleichmäßig verteilen. Die dritte Teigportion ausrollen, auf die Füllung in die Form geben und behutsam andrücken. Wieder mit 2 EL Öl bestreichen. Die vierte Kugel zu einem etwas kleineren Teigblatt ausrollen, das genau in die Form hineinpasst und über die Pastete breiten. Die überhängenden Teigränder (insgesamt drei Lagen) nach innen schlagen und einrollen, sodass die Pastete einen dekorativen Rand erhält. Die Pastete auf der Oberseite mit 2 EL Öl bestreichen. Den Teigdeckel rautenförmig mit einem scharfen Messer einritzen – so lässt sich die Pastete beim Servieren einfacher in Portionsstücke teilen.

Die Pastete im vorgeheizten Ofen 40–50 Min. backen, bis sie zart gebräunt und knusprig ist und sich die Teighülle vom Rand der Form löst. In der Form etwas abkühlen lassen und erst dann servieren.

i

Falls Sie das Glück haben, wilden Fenchel zu bekommen, verwenden Sie 2–3 große Handvoll, die Sie fein hacken, und lassen dafür den Knollenfenchel und auch den Dill weg.

Adaptiert aus Ikaria: Lessons on Food, Life, and Longevity from the Greek Island Where People Forget to Die *(Rodale, 2014)*

Lauch, mit Tomaten & Dörrpflaumen in Olivenöl geschmort

Πράσα λαδερά με ντομάτες και δαμάσκηνα
Prasa ladera me domates kai damaskina

1

Das Öl in einem großen, weiten Topf mit schwerem Boden auf mittlerer Stufe erhitzen. Die Zwiebel einrühren und zugedeckt auf kleiner Stufe in etwa 10 Min. ganz weich dünsten – sie darf dabei nicht bräunen. Den Lauch dazugeben und zugedeckt auf kleiner Stufe in etwa 12 Min. bissfest garen. Das Mehl darüberstäuben und einige Minuten untermischen. Die Tomaten in den Topf geben und den Wein hinzugießen. Schließlich die Dörrpflaumen und Oreganostängel dazugeben. Das Ganze nach Geschmack salzen und pfeffern.

2

Alles bei schräg aufgelegtem Deckel garen, bis der Lauch ganz zart und die Sauce eingedickt ist; dabei nach Bedarf zwischendrin etwas Wasser in den Topf gießen. Das Gericht auf eine Platte geben, mit Paprikapulver bestäuben und servieren.

i

Adaptiert aus The Country Cooking of Greece *(Chronicle Books, 2012)*

Zutaten

(Für 4 Personen als vegetarisches Hauptgericht oder für 6–8 Personen als Beilage)

* 120 ml natives Olivenöl extra
* 1 große rote Zwiebel, fein gewürfelt oder gerieben
* 900 g Lauch, in 5 cm lange Stücke geschnitten, gründlich gewaschen und gut abgetropft
* 1 EL Mehl
* 240 g enthäutete, entkernte und grob gehackte Eiertomaten (nach Belieben auch stückige Tomaten aus der Dose)
* 125 ml Weißwein
* 10 Dörrpflaumen ohne Stein
* 2–3 frische Stängel Oregano
* Salz und frisch gemahlener schwarzer Pfeffer
* Paprikapulver

DIANE VON FÜRSTENBERG

Diane von Fürstenberg machte im Jahr 1970 ihre ersten Schritte in die Welt der Mode mit einem Koffer voller Jerseykleider. Vier Jahre später kreierte sie das Wickelkleid, das für eine ganze Generation von Frauen zu einem Symbol der Stärke und Unabhängigkeit werden sollte. 1976 – inzwischen hatte sie über eine Million Wickelkleider verkauft – schmückte sie das Cover der Newsweek. *Nachdem sie im Jahr 1997 mit jenem Dress, mit dem alles begonnen hatte, erneut groß herauskam, ist DVF heute eine exklusive Marke, die in mehr als 55 Ländern rund um den Globus für Lifestyle steht.*

2005 erhielt Diane den Lifetime Achievement Award des Council of Fashion Designers of America (CFDA) für ihre Verdienste um die Mode, und ein Jahr später wurde sie zur Präsidentin des CFDA gewählt. Im Jahr 2015 erfolgte ihre Ernennung zur Vorsitzenden der Organisation. Darüber hinaus sitzt Diane im Vorstand von Culture Shed, einem neu geschaffenen Zentrum für innovative künstlerische und kulturelle Events in New York City, und der Statue of Liberty-Ellis Island Foundation. 2014 veröffentlichte Diane ihre Memoiren The Woman I Wanted to Be *(2015 auf Deutsch erschienen unter dem Titel* Die Frau, die ich sein wollte*). 2015 wurde sie vom* Time Magazine *zu den 100 einflussreichsten Menschen der Welt gezählt.*

Diane ist mit Barry Diller verheiratet. Sie hat zwei Kinder, Alexander und Tatiana, und vier Enkel. Trotz all ihrer Erfolge stellt sie glücklich fest: „Das Beste, was ich hervorgebracht habe, sind meine Kinder."

IHR GRIECHISCHES LIEBLINGSESSEN?

Ich liebe griechisches Essen generell! Alle Bestandteile der griechischen Küche sind traumhaft, von den Oliven über den Fisch und die Meeresfrüchte bis hin etwa zum Honig. Beim Fleisch ist Lamm mein Favorit, vor allem langsam im Ofen gegart mit den typisch griechischen Aromen – Zitrone, Oregano, Knoblauch, Oliven und Lorbeerblättern – serviert mit frischem Tsatsiki und warmem Fladenbrot. Schippert man zwischen den griechischen Inseln umher, nähern sich Fischer, die ihren frischen Fang anbieten. Oft ist das Oktopus. Er schmeckt wundervoll, erst ausgiebig geschmort, sodass er ganz zart und saftig wird, und dann kurz gegrillt, damit er etwas Röstaroma bekommt.

Etwas Zitrone darüberträufeln und die Sache ist perfekt. Im Sommer liebe ich Tomaten, und in Griechenland schmecken sie wie die Sonne selbst. Ein schneller Tomatensalat mit Oliven, frischem Oregano, Olivenöl, Rotweinessig und etwas Salz und Pfeffer ist ein wundervolles und einfaches Gericht.

WAS BEDEUTET GRIECHENLAND FÜR SIE?

Griechenland ist für mich die Wiege der Zivilisation. Der außergewöhnlichste Ort auf der Welt.

IHRE SCHÖNSTE ERINNERUNG AN GRIECHENLAND?

Natürlich liebe ich die Inseln, den Himmel, das Land. Mythologie fasziniert mich, und wenn ich in Griechenland bin, spüre ich die Anwesenheit der Götter.

Lammbraten mit Knoblauch & Zitronenkartoffeln

Αρνί φούρνου σκορδάτο με λεμονάτες πατάτες
Arni fournou skordato me lemonates patates

Die Art der Brühe, falls verwendet, können Sie frei wählen. Vergessen Sie nicht,
die Knoblauchzehen vom grünen Keim zu befreien, da er leicht bitter schmecken kann!

1

Das Fleisch in einen Bräter, für den es einen passenden Deckel gibt, oder in einen Römertopf legen. In einer kleinen Schüssel Öl, Knoblauch, 1 EL Senf und den Rosmarin verrühren. Die Mischung auf dem Fleisch verstreichen. Zugedeckt bei Raumtemperatur mindestens 1 Std. marinieren.

2

Den Backofen auf 160 °C vorheizen.

3

Die Kartoffeln nach Geschmack salzen und pfeffern, rings um das Fleisch verteilen. Das Wasser (oder die Brühe) mit 1 EL Senf verrühren, über das Fleisch und die Kartoffeln gießen und die Lorbeerblätter dazugeben. Den Bräter verschließen (notfalls tut es anstelle eines Deckels auch Alufolie) und für etwa 2 Std. in den Ofen schieben. Den Deckel abnehmen und den Inhalt des Bräters gleichmäßig mit dem Zitronensaft beträufeln. Die Backofentemperatur auf 220 °C erhöhen und das Gericht noch etwa 30 Min. garen, bis das Fleisch und die Kartoffeln appetitlich gebräunt sind.

Zutaten *(Für 6 Personen)*

* 2 kg Lammschulter oder -keule, gewaschen, trocken getupft und gesäubert
* 125 ml Olivenöl
* 4 Knoblauchzehen, grob gehackt
* 2 EL Senf
* 1 EL frischer Rosmarin, Thymian oder Oregano, gehackt (oder 1 TL getrocknetes Kraut)
* 2 kg Kartoffeln, geschält und in gleich große Stücke geschnitten
* Salz und frisch gemahlener schwarzer Pfeffer
* 725 ml Wasser oder Brühe
* 2 Lorbeerblätter
* Saft von 2 Bio-Zitronen

Gegrillter Oktopus

Χταπόδι στη σχάρα · Htapodi sti schara

Für dieses Rezept muss es nicht unbedingt frischer Oktopus sein. Ein tiefgefrorenes Tier tut es genauso und bietet darüber hinaus den Vorteil, dass es bereits küchenfertig vorbereitet und außerdem tatsächlich zarter als ein frischer ist.

1

Den Oktopus gründlich abspülen. Mit einem scharfen Messer den Körperbeutel knapp unterhalb der Augen abschneiden. An der Schnittfläche die harten Kauwerkzeuge ertasten, nach unten herausdrücken und herausschneiden. Den Oktopus erneut abspülen, abtropfen lassen und in einen großen Topf geben. Lorbeerblätter und Pfefferkörner sowie, falls verwendet, den Essig und 240 ml Wasser hinzufügen. Einen Deckel auflegen und den Oktopus auf mittlerer Stufe in 30 bis 35 Min. weich schmoren. (Man kann den Oktopus auch ohne Wasser und Essig in den Topf geben; dann gibt er während des Garprozesses selbst ziemlich viel Saft ab. Allerdings muss man ihn dann gut im Auge behalten und nach Bedarf doch Wasser hinzugießen, damit er nicht ansetzt.)

Zutaten *(Für 4–6 Personen)*

* 1 Oktopus (etwa 1,3 kg), frisch oder tiefgefroren und aufgetaut
* 2 Lorbeerblätter
* 10 Pfefferkörner
* 120 ml Essig (nach Belieben)
* 240 ml Wasser
* Olivenöl
* Saft von 1 Bio-Zitrone
* Frisch gemahlener schwarzer Pfeffer
* Getrockneter Oregano

2

Während der Oktopus im Topf schmort, einen Gas- oder Holzkohlengrill auf mittlerer bis hoher Stufe vorheizen. Die Fangarme des Oktopus direkt am Ansatz abtrennen und längs einschneiden und aufklappen – so vergrößert sich die Oberfläche, die später der Grillhitze ausgesetzt ist, wodurch das Fleisch schneller röstet.

Die Fangarme mit Olivenöl bestreichen und von beiden Seiten je 2 bis 3 Min. grillen. In sehr dünne Scheiben schneiden, mit etwas frischem Olivenöl sowie Zitronensaft beträufeln, mit Pfeffer und Oregano bestreuen und servieren.

PRINZESSIN IRENE VON GRIECHENLAND

*Prinzessin Irene wurde 1942 in Kapstadt in Südafrika geboren. Schon als Kind
begleitete sie zusammen mit ihrem Bruder, dem damaligen Kronprinzen Konstantin
(und späteren König Konstantin II. von Griechenland), und ihrer Schwester Sofía
(heute Ihre Majestät die Königin von Spanien) ihre Eltern, König Paul I. von Griechenland
und seine Gemahlin Friederike von Hannover, auf deren karitativen Reisen. Bis Dezember 1967
residierte die königliche Familie in Griechenland.*

*Prinzessin Irene studierte Philosophie, Archäologie unter Theophano Arvanitopoulou und Musik
(Klavier) unter Gina Bachauer und Nadia Boulanger. Sie spezialisierte sich auf das Studium
der vergleichenden Religionswissenschaften; Themenschwerpunkte bildeten dabei die Kirchenväter
der griechisch-orthodoxen Kirche sowie die in den indischen Veden niedergelegte Vedanta-Philosophie,
wobei sich Prinzessin Irene während eines Aufenthalts in Indien unter T.M.P. Mahadevan,
dem Leiter des Centre for Advanced Study in Philosophy der Universität von Madras, insbesondere
mit dem Advaita-Vedanta befasste.*

*Von klein auf wuchsen Irene und ihre Geschwister in dem Bewusstsein auf, dass ihr privilegiertes
Leben keine Selbstverständlichkeit war. Als Kinder bereisten sie ganz Griechenland, und Irene erinnert
sich bis heute, wie erschüttert sie über die extreme Armut war, die sie damals, insbesondere
in der nordwestlichen Region Epirus, sah. Dies prägte sie nachhaltig, und so widmet sie ihr Leben
anderen, die weniger vom Schicksal begünstigt sind. 1986 gründete sie Mundo en Armonía
(World in Harmony), ein Hilfswerk mit Sitz in Madrid, das mit humanitären Projekten bedürftige
Menschen solidarisch unterstützt.*

*Prinzessin Irene hat Ehrenämter in verschiedenen Wohltätigkeitsorganisationen inne.
Sie leistete einen wesentlichen Beitrag zu diesem Buchprojekt, indem sie die Projektleiterin
Tatiana mit Boroume in Kontakt brachte.*

IHR GRIECHISCHES LIEBLINGSESSEN?

Griechisches Essen ist frisch und schmackhaft, und vor allem wird es mit Liebe zubereitet. Vegetarier, zu denen ja auch ich zähle, finden hier glücklicherweise ein reichhaltiges Angebot. Dabei denke ich aber auch immer an die unvorstellbar große Zahl von Griechen und Menschen aus aller Welt, die tagtäglich Hunger leiden. Ich bete dafür, dass sie bald in den Genuss von gutem Essen kommen. Zu meinen Favoriten zählt die einfache und dabei so köstliche *fasolada* (Weiße-Bohnen-Suppe), kochend heiß mit einem Stück knusprigem Brot als Beigabe in einer kleinen Dorftaverne aufgetischt. Weiterhin das Olivenöl, das so ziemlich auf alles und jedes geträufelt wird. Und dann der griechische Kaffee, den man so nirgends auf der Welt bekommt – manchmal muss ich lächeln, wenn ich Ausländer dabei beobachte, wie sie mit dem Kaffeesatz in ihrem Tässchen griechischen Mokkas zurande kommen. Ich genieße ihn gern mit einer kleinen Portion *visino glyko* (Schattenmorellen in Sirup). Es gibt einen griechischen Begriff für eine solche Kaffeepause, bei der man sich entspannt zurücklehnt und seinen Gedanken nachhängt: *remvasmos*.

WAS BEDEUTET GRIECHENLAND FÜR SIE?

Alles. Umso mehr, nachdem ich so lange fort war aus Griechenland.

IHRE SCHÖNSTE ERINNERUNG AN GRIECHENLAND?

Da gibt es so viele! Jetzt, da ich wieder regelmäßig nach Griechenland reise, wird mir bewusst, wie sehr mich das tägliche Leben hier inspiriert. Was den meisten ganz normal erscheint, empfinde ich als aufregend. Eine meiner schönsten Erinnerungen gilt einer Reise kreuz und quer durch Griechenland, die ich mit meinen Eltern, meiner Schwester und meinem Bruder in einem Jeep unternahm. Unsere Eltern besuchten damals ihre sozialen Projekte, die unseren Landsleuten das Leben erleichtern und ihnen Mut machen sollten. Dabei konnte ich von beiden Seiten eine tiefe Liebe spüren.

Weiße-Bohnen-Suppe

Φασολάδα · Fasolada

Im Ringen um die Anerkennung als das griechische Nationalgericht schlechthin macht die fasolada der Moussaka ernsthaft Konkurrenz. Es gibt zahllose Rezeptvariationen für diese Suppe: Mitunter kommen zusätzlich Chilischoten hinein, dann wieder aromatisches Blattgemüse oder auch ein Streifen Orangenschale. Manche Köche sieben auch das Kochwasser nach dem ersten Aufkochen ab, weil sie der Meinung sind, dass so die blähende Wirkung der Bohnen verringert wird. Andere geben Salz, Tomaten und Olivenöl erst dann hinzu, wenn die Bohnen den in der nachfolgenden Anleitung beschriebenen „Pustetest" bestanden haben, da sie meinen, dass diese drei Zutaten das Garen der Bohnenkerne erheblich verzögern.

I

Die eingeweichten Bohnen in einem weiten Topf mit kaltem Wasser bedecken. Einmal aufkochen und danach absieben. Den Topf ausspülen. Die Bohnen wieder hineinfüllen; Möhren, Staudensellerie, Zwiebel, Petersilie und schließlich so viel frisches Wasser dazugeben, dass alle Zutaten bedeckt sind. Einmal aufkochen und dann bei verminderter Hitze köcheln lassen, bis die Bohnen soeben weich sind. (Nach Belieben als Test einen Esslöffel Bohnenkerne aus dem Topf nehmen und kräftig anpusten: Wenn sich dabei ihre Häute lösen, sind die Bohnen gar.). Die Tomaten und das Öl hinzufügen. Die Suppe noch 10 bis 15 Min. sprudelnd kochen lassen. Mit Salz und Pfeffer abschmecken und servieren.

Zutaten *(Für 6 Personen)*

* 500 g getrocknete weiße Bohnen, über Nacht eingeweicht und abgesiebt
* 2–3 Möhren, geschält und gewürfelt
* 2–3 Stangen Staudensellerie, in feine Scheiben geschnitten
* 1 große oder 2 mittelgroße Zwiebeln, fein gewürfelt
* 2 EL frische Petersilie, gehackt
* 800 g stückige Tomaten
* 125 ml Olivenöl
* Salz und frisch gemahlener schwarzer Pfeffer

Schattenmorellen in Sirup

Γλυκό του κουταλιού βύσσινο · Glyko tou koutaliou vissino

Solche kompottartigen Zubereitungen sind in Griechenland sehr beliebt. Man kann sie mit beinahe jeder Art von Obst und sogar mit manchen Gemüsesorten machen, etwa Baby-Auberginen oder Tomaten, aber auch zum Beispiel mit ganz frischen Walnüssen oder Pistazienkernen und sogar mit Zitronen- oder Rosenblüten. Sie erinnern ein wenig an die in westlichen Ländern verbreiteten Konfitüren, sind aber süßer und enthalten mehr Sirup, und man genießt sie traditionell nicht etwa als Aufstrich auf Toast, sondern pur. Früher war es Brauch, sie Gästen – auch unerwartetem Besuch – auf einem kleinen Teller mit einem Dessertlöffel und dazu einem kleinen Glas kaltem Wasser darzureichen. Besonders geschätzte Besucher bekamen noch eine kleine Tasse griechischen Kaffee und mitunter einen Likör. Heute wird diese Süßspeise (meine Favoriten sind Varianten mit Quitten, Trauben oder eben Schattenmorellen) in einer taverna *häufig zum Abschluss eines Essens auf cremig gerührtem griechischem Joghurt serviert. Exzellent schmeckt sie übrigens auch auf Eiscreme!*

1

Die Kirschkerne mit 480 ml Wasser in einen Topf geben. Einmal aufkochen und dann 20 Min. köcheln lassen. Kirschen und Zucker lagenweise in einen weiten Topf füllen, dabei mit einer Lage Kirschen beginnen. Das Ganze mit 120 ml der durchsiebten Kirschkern-„Brühe" sowie dem beim Entkernen aufgefangenen Saft beträufeln. Das Ganze bei kleiner Hitze etwa 25 Min. köcheln lassen, dabei zwischendrin mehrmals den Schaum mit einer Kelle abschöpfen. Vom Herd nehmen und 12 Std. oder über Nacht ruhen lassen.

Zutaten *(Ergibt etwa 1 Liter)*

* 1,2 kg frische Schattenmorellen, entkernt (die Kerne beiseitelegen, den Saft beim Entkernen auffangen)
* 480 ml Wasser
* 1,5 kg Zucker
* 3–4 EL Saft von einer Bio-Zitrone

2

Anschließend den Zitronensaft einrühren und kochen lassen, bis der Sirup stark eindickt. Währenddessen in einem zweiten Topf 3 oder 4 Schraubgläser in reichlich kochendem Wasser sterilisieren. Wenn die Schattenmorellen die gewünschte Konsistenz erreicht haben, die Gläser aus dem Wasserbad nehmen, umgedreht auf Küchenpapier abtropfen lassen und dann die Sirup-Kirschen bis zum Rand hineinfüllen.

Die Gläser verschließen und kopfüber auskühlen lassen. Dabei bildet sich im Inneren der Gläser ein Vakuum, das die Kirschen haltbar macht. An einem dunklen, kühlen Platz lagern.

JIM GIANOPULOS

James N. Gianopulos ist Chef und CEO von 20th Century Fox und leitet in dieser Eigenschaft die Abteilungen für Filmproduktion der Twentieth Century Fox Film Corp. Dazu gehören Fox 2000, Fox Searchlight Pictures, Fox Animation Studios, Blue Sky Studios, Fox International Productions sowie die mit ihnen verbundenen Unternehmen.

Kaum sonst jemand kann auf eine längere Amtszeit als Vorsitzender in der Filmindustrie zurückblicken als Jim Gianopulos. Seit über 25 Jahren ist er an der Entwicklung neuer Unterhaltungsmedien und -technologien beteiligt und gilt als richtungweisender Strategieexperte in der Branche.

In den 16 Jahren seiner Leitung bei Fox entstanden zahlreiche erfolgreiche Filme, darunter, um nur eine Auswahl aus jüngerer Zeit zu nennen: Deadpool, Der Marsianer, Der Rückkehrer, Kingsman: The Secret Service, Birdman, 12 Years a Slave, X-Men: Zukunft ist Vergangenheit, Life of Pi: Schiffbruch mit Tiger, Planet der Affen: Revolution, Das Schicksal ist ein mieser Verräter, Grand Budapest Hotel *und nicht zuletzt die beiden Blockbuster* Avatar *und* Titanic.

Vor seiner jetzigen Tätigkeit fungierte Jim Gianopulos als Chef und CEO von Fox Filmed Entertainment, davor hatte er seit 1994 das Amt des Präsidenten von 20th Century Fox International inne. Gestartet war seine Karriere im leitenden Management bei Paramount und Columbia Pictures.

IHR GRIECHISCHES LIEBLINGSESSEN?

Richtiger griechischer Joghurt. Ich meine nicht die in den Geschäften wachsende Flut von Erzeugnissen, die mit Markennamen Kunden locken, sondern den echten Joghurt. Mein Großvater machte ihn im Keller unseres Hauses in New York. Er suchte alle Töpfe und Decken zusammen, die er finden konnte, und zog sich damit für eine Weile in sein privates Kellerlabor zurück. Den Herstellungsprozess habe ich nie richtig verstanden, aber was dabei herauskam, war wunderbar. Seither ist mir kein Joghurt begegnet, der so ehrlich schmeckte.

WAS BEDEUTET GRIECHENLAND FÜR SIE?

Griechenland ist eine Geisteshaltung, eine Denkart, eine Einstellung gegenüber dem Leben, die darin besteht, alle Freuden und Herausforderungen, die es bereithält, anzunehmen und das Beste daraus zu machen. Außerdem ist es der schönste Ort der Welt.

IHRE SCHÖNSTE ERINNERUNG AN GRIECHENLAND?

Das ist so, als würde man mich nach meinem Lieblingsfilm fragen – das ist unmöglich zu beantworten, jeden Sommer kommt etwas Neues. Aber ich sehe immer, wenn ich fernab von Griechenland bin, die Farbe des Meeres vor meinem inneren Auge, und das stillt die Sehnsucht, bis der nächste Besuch ansteht.

. . . .

Aus den vielen herrlichen Rezepten der griechischen Küche einzelne herauszupicken, ist nicht einfach. Trotzdem kommen mir doch einige als erstes in den Sinn: Ich esse meist Gemüse und Fisch, und da hat Griechenland viel zu bieten. Im folgenden also drei Rezepte, die vor allem aus nostalgischen Gründen zu meinen Favoriten gehören.

. . . .

Knoblauchsauce

Σκορδαλιά · Skordalia

Meine Mutter machte eine umwerfende skordalia, *und ich erinnere mich noch gut, wie ich sie zu verschiedenerlei Gemüse oder einfach mit einem Stück herrlichem Brot aß. Sehr gut passt die Sauce zu gebratenen Zucchini und Auberginen. Aber am liebsten mag ich sie zu kalter gekochter Roter Bete, deren süßes Aroma in reizvollem Kontrast zu der pikant-würzigen Note der* skordalia *steht.*

Ⓘ

Das Brot in etwas Wasser einweichen und danach kräftig ausdrücken. Den Knoblauch im Mörser unter Zugabe von etwas Salz zu einer glatten Paste zerstoßen. Walnüsse oder Mandeln in einer Küchenmaschine fein hacken. Das Brot und die Knoblauchpaste hinzufügen und gleichmäßig untermischen. Bei laufendem Gerät langsam Öl und Essig zugießen und untermixen, bis schließlich eine cremige Sauce entstanden ist (Zitronensaft, falls anstelle von Essig verwendet, erst zum Schluss langsam dazuträufeln). Falls die Knoblauchsauce zuletzt zu fest erscheint, noch etwa 1 EL kaltes Wasser untermischen.

Zutaten *(Für 6 Personen)*

* 2 Scheiben rustikales Weißbrot, ohne Rinde
* 5–6 Knoblauchzehen
* Meersalz
* 145 g Walnusskerne oder blanchierte Mandeln
* Etwa 240 ml natives Olivenöl extra
* 4 EL Essig oder 3 EL Saft von 1 Bio-Zitrone

ⓘ

Mit blanchierten Mandeln ergibt sich eine cremeweiße skordalia, *mit Walnüssen erhält sie eine dunklere Farbe, schmeckt aber nochmals köstlicher. Nicht auszuschließen, dass Sie die Sauce einfach so weglöffeln. Zu empfehlen auch als Beigabe zur Fischersuppe (siehe S. 92), ähnlich einer Aioli.*

Fischersuppe

Κακαβιά · Kakavia

Ich habe kakavia schon immer geliebt, und mein Vater schätzte sie ebenfalls sehr, als er in jüngeren Jahren als Ingenieur zur See fuhr. Sie ist leicht zuzubereiten. Wie ich irgendwann erfuhr, gibt man nach Möglichkeit einige Esslöffel Meerwasser aus der Ägäis hinein. Tatsächlich denke ich, dass die Suppe dadurch einen besonderen Geschmack bekommt. Und gäbe es außerdem eine bessere Art, um die erforderliche Salzwürze und zugleich etwas Liebe zum Meer in den Topf zu bekommen? Servieren Sie die kakavia mit Röstbrot oder paximadi (rustikaler griechischer Gersten- oder Roggenzwieback), bestrichen mit etwas skordalia.

1

Kartoffeln, Zwiebeln, Möhren, Staudensellerie, Petersilie und Lorbeerblätter in einen weiten Topf mit schwerem Boden geben. Das Ganze nach Geschmack salzen und pfeffern, das Öl hinzufügen und so viel kaltes Wasser dazugießen, dass alles bedeckt ist. Auf großer Hitze lebhaft sprudelnd kochen lassen, bis das Gemüse soeben gar ist. Absieben, dabei den Fond auffangen. Das Gemüse, sobald es nicht mehr so heiß ist, in kleine Stücke schneiden.

2

Den Fond zurück in den Topf gießen. Den Fisch hineingeben; auch den Kopf zufügen – er gibt schmackhafte Aromen und wertvolle Gelatine ab. Da der Fisch zu etwa drei Vierteln in die Flüssigkeit eingetaucht sein soll, nach Bedarf Wasser hinzugießen. Auf hoher Stufe im kräftig sprudelnden Fond in etwa 15 Min. garen. (Zur Probe den Fisch bis zur Mittelgräte einstechen und die Schnittstelle etwas öffnen: Das Fleisch darf im Kern nicht mehr glasig sein.) Den Fisch aus dem Fond nehmen; die Gräten entfernen, von den Flossen befreien und in mundgerechte Stücke schneiden; den Fischkopf wegwerfen. Den Fond durchsieben und zurück in den Topf gießen. Die Fischstücke zusammen mit dem Gemüse, den Meeresfrüchten und dem Zitronensaft hinzufügen. Alles einmal aufkochen und dann köcheln lassen, bis sich die Muscheln geöffnet haben. Servieren.

i

Anmerkung des Autors: Die kakavia ist nach dem Topf (kakavi) benannt, in dem Fischer die Suppe traditionell zubereiteten. Wie bei der recht ähnlichen Bouillabaisse wird viel darüber debattiert, welcher Fisch hineingehört.

Zutaten *(Für 6 Personen)*

* 500 g Kartoffeln, geschält und geviertelt
* 2 Zwiebeln, geviertelt
* 2 Möhren, geschält und grob in Stücke geschnitten
* 3–4 Stangen Staudensellerie, grob in Stücke geschnitten
* 3–4 Stängel Petersilie
* 2 Lorbeerblätter
* 80 ml Olivenöl
* Salz und frisch gemahlener Pfeffer
* 1 Wolfsbarsch oder Red Snapper (etwa 1 kg), küchenfertig vorbereitet und entschuppt, Kopf beiseitegelegt
* 500 g–1 kg gemischte Meeresfrüchte, etwa Miesmuscheln und/oder Venusmuscheln, oder geschälte Garnelen (oder anderes mehr), abgebürstet und gesäubert
* 3–4 EL Zitronensaft

Ursprünglich war dies schlichtweg das, was den Fischern jeweils ins Netz gegangen war, und es wurde einfach mit Zwiebel und Kartoffeln in Meerwasser der Ägäis gekocht. Etwas raffinierter ist die hier vorgestellte Version, zubereitet mit einem schmackhaften Fond, mehr Gemüse und zusätzlich auch Meeresfrüchten. Außerdem verwendet das Rezept einiges an Olivenöl, allerdings können Sie die Dosis nach Belieben verringern, und die Suppe wird immer noch gut schmecken. Wichtig ist, dass der Fond lebhaft sprudelnd kocht, damit sich das Öl und das Wasser zu einer sämigen Mischung verbinden.

Griechisches „Ratatouille" aus dem Ofen

Μπριάμ · Briam

Zum Küchenrepertoire meiner Großmutter, die aus Konstantinopel stammte, gehörte ein großartiges Ofengericht aus Gemüse, das bei ihr tourlou *hieß. Dieser Name stammt aus dem Türkischen und bedeutet so viel wie „alles vermischt". Als ich mich später auf die Suche nach einem Rezept begab, fand ich heraus, dass der griechische Name* briam *lautet. Da die Zubereitung meine Kochfähigkeiten nicht überstrapaziert, steht sie bei mir oft auf dem Speiseplan, ob als Beilage oder aber, ergänzt mit gekochtem Naturreis, als Hauptmahlzeit. Ich bereite die* briam *in Griechenland gern im Sommer zu, wenn dort Tomaten und Zucchini sowie all die vielen anderen Gemüsesorten und Kräuter zu aromatischer Hochform auflaufen.*

1

Den Backofen auf 190 °C vorheizen.

2

Das vorbereitete Gemüse mit den Kräutern und dem Knoblauch in einen großen Bräter füllen; nach Geschmack salzen und pfeffern. Das Öl darüberträufeln und alles gründlich durchmischen. Zuletzt noch etwa 4 EL Wasser dazugeben. Den Bräter in den vorgeheizten Backofen schieben, bis das Gemüse nach 1,5 bis 2 Std. weich gegart ist. Gelegentlich prüfen, ob noch etwas Wasser hinzugegeben werden muss, damit das Gemüse nicht ansetzt.

i

Anmerkung des Autors: Das briam *schmeckt heiß oder auch raumtemperiert gleichermaßen gut. Und wie so viele Gerichte, die mit Olivenöl zubereitet sind, ist es auch am nächsten Tag noch ein Genuss. Sollten Sie zufällig Halloumi-Käse im Haus haben, ergäbe dieser sowohl geschmacklich als auch in Hinblick auf seine Konsistenz eine interessante Beigabe zum* briam. *Das haben wir letzten Sommer entdeckt.*

Zutaten *(Für 8 Personen)*

* 1 kg Zucchini,
  in gut 1 cm dicke Scheiben geschnitten
* 1 kg Auberginen,
  in gut 1 cm dicke Scheiben geschnitten
* 6–8 Tomaten, enthäutet und grob gehackt
* 3 Kartoffeln,
  in gut 1 cm dicke Scheiben geschnitten
* 3 grüne Paprikaschoten, Kerne entfernt, gewürfelt
* 3 rote Zwiebeln, in Scheiben geschnitten
* 30 g frische Petersilie, fein gehackt
* 1 Handvoll Basilikumblätter, zerpflückt
* 1 TL getrockneter Oregano
* 3 Knoblauchzehen, fein gehackt
  (nach Geschmack)
* Salz und frisch gemahlener schwarzer Pfeffer
* 125 ml Olivenöl (gern auch etwas mehr)

JIM STOTT & JONATHAN KING

Jim Stott und Jonathan King gründeten gemeinsam Stonewall Kitchen in Maine. Das Paar hegt eine große Leidenschaft fürs Gärtnern und fürs Essen. Ermuntert durch Freunde, die ihre selbst gemachten Konfitüren und Saucen probiert hatten, präsentierten sie 1991 ihre Erzeugnisse erstmals auf einem Bauernmarkt in ihrer Nähe. Zu ihrer Überraschung fand alles rasch Absatz. Danach kehrten sie jeden Samstag zurück, und gewöhnlich hatten sie auch einen neuen Artikel im Angebot. Eines Samstags kaufte eine Frau aus der Umgebung gleich den gesamten Stand, um die Erzeugnisse, die nicht nur köstlich schmeckten, sondern auch hübsch anzusehen waren, in das Sortiment ihres eigenen Ladens aufzunehmen. Heute finden sich Produkte von Stonewall Kitchen in Tausenden von Geschäften in den USA und 43 weiteren Ländern. Das Unternehmen hat mehr Auszeichnungen erhalten als jeder andere Lebensmittelanbieter in den USA.

Derselbe Leitgedanke, mit dem Jim und Jonathan einst begannen, ist bis heute Basis jeder ihrer Produkte: Man beginne mit den besten Zutaten, die man finden kann, und behandele sie mit Sorgfalt, dann kommt etwas ebenso Schmackhaftes wie Gesundes heraus.

IHR GRIECHISCHES LIEBLINGSESSEN?

Was immer wir in Griechenland zu essen bekommen haben, war nicht nur frisch und lecker, sondern nach unserem Empfinden auch förmlich durchdrungen von den Traditionen und Träumen der Menschen, die das Essen zubereitet hatten. Die Botschaft, die wir spürten, war: „Feiern wir das Leben!" Auch wir lieben es, mit Essen und Freunden das Leben zu genießen, aber wir halten uns dabei lieber an die Devise „leicht und lässig". Wer möchte denn in die Küche verbannt sein, während alle Freunde in fröhlicher Runde beisammensitzen?

WAS BEDEUTET GRIECHENLAND FÜR SIE?

Wenn wir an Griechenland denken, fallen uns sogleich Essen, Feiern und Familie ein. Für uns sind diese drei untrennbar miteinander verbunden.

IHRE SCHÖNSTE ERINNERUNG AN GRIECHENLAND?

Aufenthalte in Athen und auf den wunderschönen, sonnengebadeten Inseln.

Spanakopita in neuer Form

Σπανακόπιτα „αλλιώς" · Spanakopita „allios"

Spanakopita, also Spinatpastete, gibt es nicht von ungefähr in Griechenland überall.
Cremiger, vollmundiger Käse, gemischt mit warmem, knoblauchwürzigem Spinat – was könnte es Besseres geben?
Dazu ein Cocktail, ein paar gute Freunde und alles ist super! Wir haben diesen Klassiker umgewandelt,
sodass er sich gut als Fingerfood servieren lässt.

1

Das Öl in einer großen Pfanne auf mittlerer Stufe erhitzen.

2

Den Knoblauch darin unter ständigem Rühren 30 Sek. braten. Händeweise den Spinat dazugeben und jeweils untermischen, bis der gesamte Spinat in der Pfanne nach etwa 4 Min. zusammengefallen ist. Vom Herd nehmen und fein hacken. Den Spinat wieder in die Pfanne füllen. Sahne und Muskatnuss sowie Salz und Pfeffer nach Geschmack hinzufügen und auf mittlerer Stufe etwa 4 Min. rühren, bis die Sahne leicht eingedickt ist. Vom Herd nehmen. Die Hälfte des Feta untermischen; das Ganze nach Belieben mit mehr Salz, Pfeffer und Muskatnuss abschmecken.

3

Den Filoteig aus der Packung nehmen und ausrollen. Ein Mini-Muffinblech mit etwas flüssiger Butter fetten, den Teig in 12 gleichgroße Quadrate schneiden und jeweils in eine Vertiefung drücken, dass ein kleiner Becher entsteht. Mit der Spinatmischung füllen und jeweils etwas von dem restlichen Feta darüberstreuen. Für etwa 10 Min. in den vorgeheizten Ofen schieben, bis die Spinatmischung so heiß ist, dass sie leise blubbert. Heiß oder raumtemperiert servieren.

Zutaten *(Für 12 Personen)*

* 1 ½ EL Olivenöl
* 2 Knoblauchzehen, fein gehackt
* 170 g zarter, junger Spinat
* 75 g Sahne
* ⅛ TL geriebene Muskatnuss
* Salz und frisch gemahlener schwarzer Pfeffer
* 55 g Feta, fein zerbröckelt
* 1–2 Packungen frischer Filo- oder Yufkateig

i

Die Teigbecher können bis zu 2 Monate im Voraus vorbereitet werden; anschließend gut mit Alufolie oder Frischhaltefolie abdecken und ins Gefrierfach geben. Die Becher können im gefrorenen Zustand befüllt werden. Die Backzeit vor dem Servieren erhöht sich in diesem Fall auf 12 bis 15. Min.

Lamm-Feta-Frikadellen

Αρνίσια μπιφτεκάκια με φέτα · Arnisia biftekakia me feta

Das herzhafte Aroma von Lammhack verbindet sich mit würzigen, karamellisierten Zwiebeln, der erdigen Note von Rosmarin, cremigem Feta und knusprigen Panko-Bröseln zu einem runden Genuss. Für eine große Gästeschar braten Sie am besten die Frikadellen im Voraus, dann müssen sie zuletzt nur im auf 150 °C vorgeheizten Backofen in 5 bis 10 Min. noch einmal heiß gemacht werden. Man könnte aus der Hackfleischmasse auch Bällchen formen und diese dann anderweitig servieren.

1

In einer mittelgroßen Pfanne 1 EL Öl auf niedriger bis mittlerer Stufe erhitzen. Darin Zwiebel mit Knoblauch und 1 EL gehacktem Rosmarin unter gelegentlichem Rühren 10 Min. anbraten, Salz und Pfeffer nach Geschmack hinzufügen, in eine große Schüssel umfüllen und leicht abkühlen lassen. Das Hackfleisch zusammen mit einem Drittel des Paniermehls, dem Ei und dem restlichen Rosmarin (1 ½ EL) zur Zwiebelmischung geben; das Ganze salzen und pfeffern. Alles gründlich vermengen. Aus der Masse 5 cm große Bällchen formen und leicht flach drücken – es sollten sich 18 Stück ergeben.

2

Das restliche Paniermehl in eine weite Schüssel füllen und die Frikadellen behutsam darin wenden, bis sie rundum gleichmäßig überzogen sind. (Bis hierher können die Frikadellen bereits am Vortag zubereitet werden; in dem Fall anschließend bis zur eigentlichen Zubereitung zugedeckt in den Kühlschrank stellen.)

3

Die restlichen 2 EL Öl in einer großen Pfanne auf mittlerer bis hoher Stufe erhitzen (die richtige Temperatur ist erreicht, wenn 1 Prise eingestreutes Paniermehl sogleich brutzelt). Die Frikadellen – eventuell in zwei

Zutaten *(Ergibt 18 Stück)*

* 3 EL Olivenöl
* 1 kleine Zwiebel, fein gehackt
* 1 Knoblauchzehe, fein gehackt
* 2 ½ EL frischer Rosmarin, gehackte
* Salz und frisch gemahlener schwarzer Pfeffer

* 500 g Hackfleisch vom Lamm
* 75 g Panko (japanisches Paniermehl)
* 55 g Feta, zerbröckelt
* 1 großes Ei
* Pita-Brote
* Stückige Tomaten aus der Dose und/oder 280 g griechischer Joghurt, aromatisiert mit 2 EL gehacktem frischem Rosmarin

Durchgängen, um die Pfanne nicht übermäßig zu füllen – von beiden Seiten je etwa 4 Min. anbraten, bis sie durchgegart und goldbraun sind. Falls sie zu stark bräunen oder sogar verbrennen, die Hitze etwas reduzieren. Zur Probe eine Frikadelle aufschneiden: Sie darf keinen rosa Kern mehr haben! Heiß mit dem Feta im Pita-Brot anrichten und zuletzt mit einem Klecks stückige Tomaten oder Joghurt krönen.

LAURIE CONSTANTINO

Laurie Constantino ist Food-Autorin, gibt Kochkurse und bietet Kurse zum Sammeln kulinarischer Schätze in der Natur an. Sie lebt mit ihrem griechisch-amerikanischen Ehemann in Anchorage, Alaska, und auf Limnos, Griechenland. 2007 erschien ihr Kochbuch Tastes Like Home: Mediterranean Cooking in Alaska. *Ihr nächstes Kochbuch mit dem Titel* Greek Cooking in America: The Best Recipes from Greek Festivals and Community Cookbooks *wird Rezepte von vier Generationen von Einwandererfrauen enthalten und aufzeigen, wie sich traditionelle Rezepte in Amerika verändert und weiterentwickelt haben. Die Anleitungen sind aus sogenannten* community cookbooks *(für Benefizzwecke zusammengestellte und veröffentlichte Kochbücher) adaptiert, die Teil von Lauries einzigartiger Sammlung von etwa 600 griechischen und griechisch-amerikanischen Kochbüchern sind.*

IHR GRIECHISCHES LIEBLINGSESSEN?

Seeigelrogen direkt aus dem Ägäischen Meer, mit einem winzigen Spritzer Zitronensaft, aufgetunkt mit einem Stück rustikalem Weißbrot. Wenn ich wählen könnte, wäre das mein letztes Essen auf Erden.

WAS BEDEUTET GRIECHENLAND FÜR SIE?

Griechische Freunde und Verwandte haben mich gelehrt, mich an den normalen Geschehnissen im Alltag zu freuen, das Beste, was ich habe, mit anderen zu teilen, und nicht zu vergessen, dass die wichtigste Aufgabe des Menschen darin besteht, Liebe zu geben und zu empfangen.

IHRE SCHÖNSTE ERINNERUNG AN GRIECHENLAND?

Die Sonne scheint, und die Straßen sind ganz ruhig. Mit einem wohligen Gefühl im Magen vom Verzehr von gegrillten Sardinen, sonnengereiften Tomaten und knusprig gebratenen Zucchini sitze ich zusammen mit lieben Menschen in einer schattigen Taverne direkt am Meer. Wir werfen Stückchen von Brotresten ins glitzernde Wasser und müssen darüber lachen, wie die kleinen Fische herbeischwimmen, hin und her jagen und versuchen, schneller als die anderen etwas davon zu erhaschen.

Pastitsio mit Blattgemüse

Παστίτσιο με χόρτα · Pastitsio me horta

Pastitsio mit Blattgemüse ist eine wunderbare vegetarische Alternative zu dem traditionellen griechischen Auflauf mit Fleischsauce, der manchmal auch als „griechische Lasagne" bezeichnet wird. Reichlich grünes Gemüse und Kräuter bilden ein Gegengewicht zu den drei Käsesorten, die hier verwendet werden. Jedes kultivierte oder in freier Natur gesammelte Blattgemüse ist geeignet, doch sollten es aus Gründen des Geschmacks mindestens zwei, besser noch mehr verschiedene Sorten sein. Ich habe den Auflauf schon mit diversen Kombinationen aus Spinat, Mangold, Schwarzkohl, Endivie, Brennnesseln, Weißem Gänsefuß, Löwenzahn, *vlita* (das Grün von Amarant) und anderen essbaren Wildkräutern zubereitet. Er ist übrigens für ein größeres Essen mit Gästen eine ausgezeichnete Wahl, denn er kann bis zu 24 Stunden im Voraus zusammengestellt werden. In dem Fall die Form bis zur eigentlichen Zubereitung in den Kühlschrank stellen. Die Backzeit verlängert sich dann um mindestens 10 Minuten.

1

Den Backofen auf 180 °C vorheizen.

2

In einem großen Topf reichlich Wasser zum Kochen bringen, salzen und die Pasta darin knapp al dente garen. Mit einem Schaumlöffel aus dem Topf heben (das Kochwasser wird noch benötigt) und sogleich in einer Schüssel mit Eiswasser abschrecken. Die Pasta abgießen und in einer Schüssel beiseitestellen.

3

Für die Füllung: den Topf mit dem Nudelkochwasser wieder aufsetzen. Zum Kochen bringen und das Gemüse 1 Min. blanchieren, dann sogleich in einer Schüssel mit Eiswasser abschrecken. Das Gemüse mit den Händen möglichst kräftig ausdrücken; anschließend hacken und in eine große Schüssel füllen. Das Öl in einer großen Pfanne auf mittlerer Stufe erhitzen. Die Zwiebeln dazugeben, salzen und pfeffern und unter häufigem Rühren braten, bis sie weich und leicht gebräunt sind. Knoblauch und Chiliflocken (falls verwendet) untermischen und alles zusammen noch 1 Minute braten. Zwiebelmischung, Frühlingszwiebeln, Petersilie, Dill, Minze, Feta, *kasseri* und *manouri* zum Gemüse in der Schüssel geben. Gründlich durchmischen, mit Salz und Pfeffer abschmecken.

Zutaten *(Für 6–9 Personen)*

* 225 g kleine Penne oder andere kurze, hohle Nudeln

Für die Füllung
* 450 g Blattspinat oder anderes Blattgemüse (nach Belieben auch Wildkräuter), gewaschen und geputzt
* 450 g Mangold oder anderes Blattgemüse (nach Belieben auch Wildkräuter), gewaschen und geputzt
* 2 EL Olivenöl
* 320 g Zwiebeln, fein gewürfelt
* Salz und frisch gemahlener schwarzer Pfeffer
* 1 EL Knoblauch, fein gehackt
* ½ TL Chiliflocken (nach Belieben)
* 100 g Frühlingszwiebeln, in feine Scheiben geschnitten
* 30 g frische Petersilie, fein gehackt
* 15 g frischer Dill, fein gehackt
* 15 g frische Minze, fein gehackt
* 85 g Feta, zerbröckelt
* 170 g *kasseri* oder *graviera*, gerieben (ersatzweise Fontina)
* 170 g frischer *manouri* oder *anthotyro*, zerbröckelt (ersatzweise Ricotta)

4

Für die Béchamelsauce: die Milch auf dem Herd oder in der Mikrowelle langsam bis kurz vor dem Siedepunkt erhitzen und beiseitestellen. Die Butter in einem großen Topf zerlassen; das Mehl mit einem Schneebesen gründlich einrühren und die zuletzt ganz glatte Mischung 2 Min. unter ständigem Rühren anschwitzen. Die sehr warme Milch langsam dazugießen und dabei mit dem Schneebesen unablässig weiter rühren, bis sich schließlich eine samtige und sehr sämige Sauce ergibt; mit der Muskatnuss sowie Salz und Pfeffer abschmecken. Etwa 120 ml der heißen Sauce zu den Nudeln gießen und gleichmäßig unterziehen. Die Eigelbe in einer kleinen Schüssel verquirlen, dann rasch 120 ml der heißen Sauce mit dem Schneebesen einrühren und die Mischung schließlich zur restlichen Sauce im Topf gießen. Bei sehr schwacher Hitze 2 Min. nur leise köcheln lassen und dabei ständig rühren – die Sauce darf auf keinen Fall aufkochen. Vom Herd nehmen.

5

Für die Kruste: den *kefalotyri* mit den Semmelbröseln vermengen.

6

Eine quadratische ofenfeste Form (25 x 25 cm) großzügig mit Öl ausstreichen. Die Hälfte der Pasta darin verteilen; mit der Hälfte der Gemüsemischung bedecken. Nun die übrige Pasta und darüber den Rest der Gemüsemischung einfüllen. Den Auflauf gleichmäßig mit der Béchamelsauce überziehen. Die Käse-Brösel-Mischung darüberstreuen. Den Pastitsio 35 bis 40 Min. backen, bis sich eine goldbraune Kruste gebildet hat und die Sauce leise blubbert. Aus dem Ofen nehmen und 15 bis 30 Min. abkühlen lassen, erst danach in Rechtecke schneiden und servieren. (Wenn Sie den Auflauf frisch aus dem Ofen servieren, fallen beim Aufschneiden die Lagen auseinander, doch das tut dem Genuss keinen Abbruch.)

Für die Béchamelsauce
* 600 ml Vollmilch
* 55 g Butter
* 35 g Mehl
* ¼ TL geriebene Muskatnuss
* Salz und frisch gemahlener schwarzer Pfeffer
* 2 Eigelbe

Für die Kruste
* 1 große Handvoll frisch geriebener *kefalotyri* (ersatzweise Parmesan)
* 15 g Panko (japanische Senmmelbrösel)

Pilzeintopf

Μανιτάρια στιφάδο · Manitaria stifado

Der Rhythmus der Natur wie auch die religiösen Fastenzeiten haben einen großen Einfluss darauf, was griechische Inselbewohner essen. Viele von ihnen sind Bauern und leben von dem, was sie ihrem Land an Gemüse und Früchten abringen können. Wildkräuter und Schnecken, Pilze und Seeigel, Kaninchen und Oktopus, selbst gesammelt beziehungsweise gefangen, bilden eine willkommene Bereicherung des Speiseplans. Ich selbst erlebte in einem Jahr, dass ein perfektes Zusammentreffen von Regenfällen und warmen Temperaturen eine unerwartete Fülle an Wildpilzen hervorbrachte. Es war gerade zu Beginn der österlichen Fastenzeit. Nachdem ich meine reiche Ernte von einer Bergweide auf Limnos zusammen mit einer erfahrenen Tante durchgesehen hatte (eine ganz wichtige Regel für Pilzsammler lautet: „im Zweifelsfalle aussortieren"), machte ich daraus nach dem Vorbild des stifado, eines klassischen griechischen Eintopfs, ein veganes, fastenfreundliches Pilzgericht.

Am besten schmeckt dieser Eintopf, wenn er mit Wildpilzen zubereitet ist. An zweiter Stelle in meiner Beliebtheitsskala folgt eine Mischung aus Zuchtpilzen, genauer aus braunen Champignons, Austernpilzen und Shiitake. Doch auch wenn er nur eine einzige Pilzsorte enthält, ist dieser deftige Eintopf keineswegs zu verachten. Pilze sollte man, damit sie ihren vollen Geschmack entfalten, immer nur in kleineren Portionen braten. Gart man zu viele auf einmal, scheiden sie zu viel Saft ab und dünsten dann eher, anstatt zu bräunen. Da Zwiebeln und Pilze in mehreren Durchgängen nacheinander gebraten und dabei jeweils gesalzen werden (das Salz lässt sie gleichmäßiger garen), dosieren Sie das Salz jeweils mit Fingerspitzengefühl, sonst ist das fertige Gericht am Ende womöglich versalzen. Servieren Sie dieses stifado als Vorspeise oder auf Pasta, die Sie zuvor mit etwas Knoblauch und Olivenöl vermischt haben, oder auch als Hauptgericht in Begleitung von Ofenkartoffeln und einem knackigen grünen Salat. Etwaige Reste ergeben, gehackt und in Brühe eingerührt, eine herzhafte Suppe.

①

In einer großen Pfanne 2 EL Öl erhitzen. Die Perlzwiebeln hinzufügen, salzen und pfeffern und braten, bis sie durchgegart und rundum kräftig gebräunt sind. Mit einem Schaumlöffel aus der Pfanne heben und in einer kleinen Schüssel beiseitestellen. Ein Drittel der Pilze in die Pfanne mit etwas Öl geben, salzen und pfeffern; auf mittlerer bis großer Stufe braten, bis sie rundum kräftig gebräunt sind. Falls die Pfanne zu trocken ist, um die Pilze zu braten, weitere 1 bis 2 EL Öl hineingeben. Die Pilze sollen zwar leicht karamellisieren, aber nicht anbrennen; daher die Hitze bei Bedarf verringern.

Zutaten *(Für 4–6 Personen)*

* 2–8 EL Olivenöl (ersatzweise jedes Pflanzenöl)
* 450 g Perlzwiebeln, das Grün abgeschnitten und geschält, oder 400 g tiefgefrorene Perlzwiebeln, aufgetaut
* Salz und frisch gemahlener schwarzer Pfeffer
* 700 g Pilze, geputzt und in 2 ½ cm große Stücke geschnitten
* 320 g Zwiebeln, grob gewürfelt
* 2 EL Knoblauch, fein gehackt
* ½ TL Chiliflocken (nach Belieben)
* 250 ml Rotwein

Die gebräunten Pilze in eine zweite Schüssel füllen. Die restlichen Pilze in zwei weiteren Durchgängen wie beschrieben braten, dabei nach Bedarf mehr Öl hinzugießen.

* 1 Dose (400 g) stückige Tomaten oder 320 g gehackte frische Tomaten samt Saft
* 2 EL Rotweinessig
* 1 EL frischer Rosmarin, fein gehackt
* 2 TL Zucker

2

Zuletzt die gewürfelten Zwiebeln in die Pfanne geben, leicht salzen und pfeffern. Braten, bis sie weich und goldgelb sind, dabei nach Bedarf etwas mehr Öl zufügen und zwischendrin den Bratensatz vom Pfannenboden losrühren. Knoblauch und Chiliflocken (falls verwendet) untermischen und alles noch 1 Min. braten. Mit dem Wein ablöschen und diesen auf die Hälfte einkochen lassen.

Die Tomaten zusammen mit dem Essig, dem Rosmarin und dem Zucker untermischen. Alles einmal aufkochen und dann auf kleiner Stufe zugedeckt 15 Min. köcheln lassen. Die Pilze zur Sauce geben und 15 Min. köchelnd garen. Zum Schluss die Perlzwiebeln untermischen und noch 5 Min. mitgaren. Den Eintopf sofort servieren.

Lachs-Kleftiko

Σολωμός κλέφτικος · *Solomos kleftikos*

Beim Kampf der Griechen gegen die Herrschaft der Osmanen im 19. Jahrhundert mischten auch die Kleften als Guerillakämpfer mit. Von Ihnen ist überliefert, dass sie den Türken Schafe stahlen und ihre Beute dann in der Erde – üblicherweise in eingegrabenen Schaffellen oder Tontöpfen – garten, um nicht mit den aufsteigenden Kochdüften ihre Verstecke zu verraten. Für moderne Versionen von Gerichten im kleftiko-*Stil werden Fleisch, Gemüse und Gewürze in Alufolie oder Pergamentpapier eingeschlagen und in dieser Hülle langsam im Ofen gegart. Fleisch und Gemüse geraten so herrlich saftig, und alle köstlichen Aromen bleiben in den Paketen eingeschlossen.*

Demselben Prinzip folgt das Lachs-kleftiko. Nachdem Fisch im Vergleich zu Lamm rasch gart, ist dieses Gericht ideal für Tage, an denen Sie es eilig haben. Die Pakete sind im Nu zusammengestellt und wandern für nur 15 Minuten in den Ofen. In ihrem Inneren verbinden sich die Säfte des Fischs und der Tomaten zu einer leichten, schmackhaften Sauce. Auf diese Weise zubereitet, bleibt der Lachs wundervoll zart und saftig. Ein weiterer Vorteil: Es gibt im Anschluss keine Töpfe zu säubern. Zum Umhüllen bevorzuge ich persönlich Alufolie. Sie lässt sich einfacher handhaben als Pergamentpapier, das allerdings beim Servieren optisch mehr hermacht. Bei Verwendung von Pergamentpapier achten Sie darauf, die Ränder besonders sorgfältig zu falzen. Gewöhnlich bin ich zu faul, um Tomaten zu enthäuten. In diesem Fall mache ich es jedoch, weil sich ohne die Tomatenschalen eine schönere Sauce ergibt. Für welche Option Sie sich entscheiden, überlasse ich Ihnen. Vergessen Sie nicht, beim Tischdecken einen Teller für die leeren Hüllen bereitzustellen.

1

Den Backofen auf 230 °C vorheizen.

2

Die Tomaten zunächst nach Belieben enthäuten: Das Fruchtgemüse dafür auf der Unterseite kreuzförmig einritzen und für 30 Sek. in kochendes Wasser tauchen. Mit einer Schaumkelle heraus-heben und sogleich in Eiswasser abschrecken, danach die Haut abziehen. Kleine Tomaten in gut 1 cm dicke Scheiben schneiden, Kirschtomaten halbieren.

3

Den Lachs von beiden Seiten leicht salzen und pfeffern. Sechs 45 cm lange Stücke dicker Alufolie auf einer Seite mit Öl bestreichen. Auf jedes Folien-stück etwas versetzt zur Mitte jeweils 1 Stück Lachsfilet geben. Mit Oregano und gehackten Oliven bestreuen. Darauf die Tomaten verteilen

Zutaten *(Für 6 Personen)*

* 12 kleine Tomaten oder 24 Kirschtomaten
* 1 kg Lachsfilet, ohne Haut und in 6 gleich große Stücke geschnitten
* Salz und frisch gemahlener schwarzer Pfeffer
* 2–3 TL getrockneter Oregano, fein zerrieben
* 40 g schwarze Oliven in Öl, entsteint und gehackt
* 4 EL Olivenöl

und mit Öl beträufeln. Die Folie so über den Lachs schlagen, dass die Ränder säuberlich übereinander liegen. Die Ränder an allen drei Seiten 12 mm breit umschlagen und dann ein zweites Mal falzen, sodass die Pakete fest verschlossen sind. Zuletzt die Falze nach oben biegen.

Der Fisch und die übrigen Zutaten sollten nur locker umschlossen sein, damit während des Garens der Dampf innerhalb der Pakete zirkulieren kann. (Bis hierher kann das Lachs-*kleftiko* schon bis zu 4 Stunden im Voraus vorbereitet werden.)

Die Pakete für 15 Min. in den vorgeheizten Ofen geben. Auf einzelnen Tellern anrichten. Die Hülle auf der Oberseite kreuzförmig aufschneiden und die vier Zipfel, die sich dabei ergeben, nach außen schlagen, sodass die ganzen Fischfilets zum Vorschein kommen (Achtung, der austretende Dampf ist heiß!). Sofort servieren.

MARGARET ATWOOD

Die kanadische Schriftstellerin veröffentlichte über 40 Lyrikbände, Kinderbücher, Prosasammlungen und Sachbücher. Vor allem aber ist sie für ihre Romane bekannt, darunter Die essbare Frau, Der Report der Magd, Die Räuberbraut, Alias Grace *und* Der blinde Mörder *(im Jahr 2000 mit dem begehrten Booker Prize ausgezeichnet). Zuletzt veröffentlichte sie eine Sammlung von Kurzgeschichten unter dem Titel* Stone Mattress: Nine Tales *(2014). Atwoods jüngster Roman* Die Geschichte von Zeb *(2013) bildet den Abschluss einer Trilogie, die mit* Oryx und Crake *(für den Man Booker International Prize nominiert) begann und in* Das Jahr der Flut *ihre Fortsetzung fand. Ihr jüngster Gedichtband mit dem Titel* The Door *erschien 2007 (auf Deutsch* Die Tür, *2014).* In Other Worlds: SF and the Human Imagination, *eine Sammlung von Essays, kam 2011 heraus. Ebenfalls im Sachbuchbereich angesiedelt ist* Payback: Schulden und die Schattenseiten des Wohlstands *(2012 für den Film adaptiert). Margaret Atwoods Werke wurden in über 40 Sprachen übersetzt, darunter, neben Deutsch, etwa Farsi, Japanisch, Türkisch, Finnisch, Koreanisch, Isländisch, Griechisch und Estnisch. Sie lebt zusammen mit dem Schriftsteller Graeme Gibson in Toronto.*

IHR GRIECHISCHES LIEBLINGSESSEN?

Ganz besonders mag ich griechischen Joghurt und griechische Oliven.

WAS BEDEUTET GRIECHENLAND FÜR SIE?

Schon als Grundschülerin begann ich, griechische Sagen zu lesen. Auf dem Gymnasium machte ich dann weiter mit der *Ilias*, der *Odyssey* und Robert von Ranke-Graves' Werk *Griechische Mythologie*. Weil ich Latein lernte, las ich auch die *Aeneis*. Später studierte ich Englische Literatur, und dafür ist eine gewisse Kenntnis der griechischen Mythologie unverzichtbar, jedenfalls für alles, was vor 1900 geschrieben wurde.

Griechenland ist also besonderer ein Ort voller Erzählungen und bietet jedem, der sich so intensiv mit Literatur befasst wie ich, ganz viel Raum für seine Fantasie. Diese Geschichten inspirierten zahlreiche Schriftsteller und lieferten den Stoff für viele Theaterstücke und Opern. Sie sind ein Grundstein der abendländischen Literatur und Kultur.

IHRE SCHÖNSTE ERINNERUNG AN GRIECHENLAND?

Im Sommer 2014 besuchten wir Mykene und, an einem anderen Tag, Epidaurus. Das waren wundervolle Erfahrungen, denn von beiden Orten geht eine unglaubliche Faszination aus. Nicht minder beeindruckend war das Wissen unserer Fahrer – einer von ihnen konnte die Schlacht von Salamis schildern, als hätte sie gerade am Tag zuvor stattgefunden. Eine kleine Eule der Athene, die ich aus Athen mitgebracht und auf meinem Schreibtisch platziert habe, erinnert mich an diese Erlebnisse.

Vicky Vlachonis über griechischen Joghurt:

Griechischer Bio-Joghurt enthält probiotische Kulturen, die für die Darmgesundheit wichtig sind. Halten Sie Ausschau nach Joghurt mit Lakterobazillen, Streptokokken und Bifidobakterien. Wir haben in unserem Körper rund 100 Billionen Bakterien. Etwa ein Kilogramm davon befindet sich in unseren Gedärmen. Sie wissen wahrscheinlich, dass diese Kleinstlebewesen Einfluss auf Ihre Verdauung und Ihr Immunsystem haben. Aber wussten Sie auch, dass eine ausgewogene Bakterienkultur sich auf das physische und emotionale Schmerzempfinden auswirkt? Ihre Darmflora kann Sie gesund und glücklich machen – oder anfällig für Typ-2-Diabetes, Übergewicht, chronisch-entzündliche Darmerkrankungen, Darmkrebs und Autoimmunerkrankungen wie rheumatoide Arthritis. Tag für Tag kämpfen unsere „guten" und „schlechten" Bakterien unaufhörlich um die Oberherrschaft über unseren gesamten Körper einschließlich unseres Gehirns. Emotionale Belastungen und anderer Stress schlagen uns oft auf den Magen – und das mit gutem Grund: Allein in unserem Dünndarm haben wir etwa 100 Millionen Nervenzellen, in etwa so viel wie in unserem Rückenmark. Fast alle bekannten Neurotransmitter (und ihre Rezeptoren) finden sich in unserem „zweiten Gehirn" – dem Magen. Er und nicht das Gehirn ist der Hauptproduzent von Serotonin, unserem wichtigsten Glückshormon. Ohne genügend gesunde Verdauungsbakterien erzeugen weder der Magen noch unser Gehirn ausreichende Mengen an Serotonin für eine gute Darm- und Gehirnfunktion. Deshalb kann es sich beträchtlich auf unsere körperliche und geistige Gesundheit auswirken, wenn die Bakterien im Darm in ein Ungleichgewicht geraten. Ein Becher Joghurt täglich ist gut für Sie.

Joghurtsoufflé

Σουφλέ με γιαούρτι · Soufle me yiaourti

Dicker, sahniger Joghurt und Thymianhonig bilden ein griechisches Traumgespann. Es mundet zu jeder Tageszeit, auf dem Frühstücksbüffet von Hotels darf es nicht fehlen, und in vielen Tavernen wird es als Gruß des Hauses gratis als Nachspeise angeboten – vielleicht gibt es dann zum Joghurt keinen Honig, sondern stattdessen selbst in Sirup eingelegte Sauerkirschen, Orangen, Trauben oder Quitten. Wenn aber ein besonderes Abendessen ansteht, bietet sich zum Dessert dieses Soufflé an. Servieren Sie es mit selbst gemachter Konfitüre, mit frischen Früchten wie Himbeeren oder Erdbeeren oder auch mit gedünstetem Obst wie Aprikosen oder Pfirsichen.

1

Den Backofen auf 180 °C vorheizen. Eine Souffléform (Ø 21 cm) mit der Butter ausstreichen und mit Zucker ausstreuen, damit die Soufflémasse nicht ansetzt.

2

In einer Schüssel die Eigelbe mit dem Zucker hellcremig schlagen. Nach und nach den Joghurt und die Maisstärke unterrühren. In einer zweiten Schüssel die Eiweiße zu steifem Schnee schlagen; behutsam unter die Joghurtmischung heben. Die Masse in die vorbereitete Form gießen.

3

Ein tiefes Backblech auf mittlerer Schiene in den Ofen schieben und so viel heißes Wasser einfüllen, dass der Boden gut bedeckt ist. Die Form auf das Blech setzen und das Soufflé etwa 25 Min. backen, bis es locker aufgegangen und gebräunt ist – den Ofen währenddessen auf keinen Fall öffnen! Das Soufflé mit Puderzucker bestäuben und unverzüglich servieren.

Zutaten *(Für 6 Personen)*

* 1 EL Butter
* 200 g Zucker, plus mehr für die Form
* 3 Eier, getrennt, plus 2 Eiweiße
* 275 g griechischer Joghurt
* 2 EL Maisstärke
* Puderzucker zum Bestäuben

MARY KATRANTZOU

Mary Katrantzou wurde 1983 in Athen als Tochter einer Innenarchitektin und eines Textildesigners geboren. Schon in jungen Jahren entdeckte sie ihr Faible für angewandtes Design. Sie zog in die USA um dort an der Rhode Island School of Design Architektur zu studieren, dann wechselte sie ans Londoner Central Saint Martins, wo sie ihren Bachelor in Textildesign erwarb. In der Folge setzte Mary ihren Schwerpunkt auf Damenmode, und zwar vornehmlich aus bedruckten Stoffen. Sie setzte sich mit der Frage auseinander, wie Prints die Silhouette eines weiblichen Körpers verändern können, und führte ihr Studium am Central Saint Martins fort, das sie schließlich mit einem Master in Fashion mit Auszeichnung abschloss. Ihre erste Prêt-à-Porter-Kollektion zeigte sie auf der London Fashion Week im Frühjahr/Sommer 2009. Eine kleine, aber eindrucksvolle Show, mit der sie sogleich 15 Kunden gewinnen konnte. Inzwischen sind daraus 230 der nobelsten Modeadressen geworden. Frühere Kollektionen Marys hatten Parfumflakons, Interieurs und Kunstwerke, Blumenwiesen, Alltagsobjekte, alte Briefmarken, Landschaften und, unlängst, Schuhe zum Thema. Stets stand das gedruckte Bild im Mittelpunkt ihrer Ästhetik. In ihren neuesten Shows tauchen Symbole auf, die für Bewegung stehen, für Entdeckungsreisen in bisher unerforschte Gefilde.

IHR GRIECHISCHES LIEBLINGSESSEN?

Yemista, also Tomaten und Paprikaschoten, die mit einer Mischung aus Reis, Hackfleisch, Rosinen, Pinienkernen, Tomatensaft, Zwiebeln, frischer Petersilie und Dill gefüllt und im Ofen gegart werden. Perfekt für ein gemütliches sonntägliches Familienessen! Außerdem Pastitsio (siehe S. 102, 129), ein Makkaroniauflauf, der mich an meine Großmutter erinnert, weil sie ihn ganz oft für mich zubereitet hat, wenn ich sie in meiner Jugend in Eretria (Evia) besuchte. Und schließlich *dakos* – das ist ein Salat aus kretischem Roggenzwieback und darauf gehackten Tomaten, Feta oder *myzithra*-Käse, Kapern, Oregano und köstlichem Olivenöl. Ein Hochgenuss auf einer wunderschönen griechischen Insel in einer Taverne direkt am Meer.

WAS BEDEUTET GRIECHENLAND FÜR SIE?

Es ist mein Zuhause, ein Teil von mir, es bedeutet Liebe, hier fühle ich mich frei. Wenn ich zurückkehre, kommt es mir immer vor, als wäre ich nie weg gewesen. Ich spüre eine Unschuld und Reinheit so wie zu jener Zeit, als ich hier groß geworden bin. Jedes Mal, wenn ich in Athen lande, empfinde ich einen inneren Frieden.

IHRE SCHÖNSTE ERINNERUNG AN GRIECHENLAND?

Die magische Stunde des Sonnenuntergangs über Spetses. Wir haben ein Sommerhaus auf der Insel. Jedes Jahr bin ich dort, und dann kommen ganz viele Erinnerungen zurück. Den Duft der Bougainvilleen und der Meeresbrise werde ich niemals im Leben vergessen.

Gefüllte Tomaten & Paprikaschoten

Γεμιστά · Yemista

Ganz ausgezeichnet schmecken diese Tomaten und Paprikaschoten raumtemperiert.
Und wie so viele andere Gerichte, die mit Olivenöl zubereitet sind,
schmecken sie am nächsten Tag sogar noch besser.

1

Den Backofen auf 190 °C vorheizen.

2

Von den Tomaten einen Deckel abschneiden, mit einem Löffel das Innere über einer Schüssel herauslösen, ohne dabei die Fruchtwände zu verletzen. Von den Paprikaschoten ebenfalls einen Deckel abschneiden, die weißen Trennwände und Kerne entfernen. Die abgetrennten Deckel jeweils neben die zugehörigen Früchte legen (sie werden später wieder aufgesetzt und sollten dann richtig passen). Die Tomaten jeweils mit 1 kleinen Prise Salz und Zucker ausstreuen.

3

Für die Füllung: 2 EL Öl in einer großen Pfanne auf mittlerer Stufe erhitzen, Zwiebel und Knoblauch darin glasig dünsten. Das Hackfleisch dazugeben und braten, bis es seinen rosa Schimmer vollständig verloren hat. Die Hälfte der gehackten Tomaten, die Petersilie, die Minze, den Reis, die Pinienkerne, die Rosinen und das verrührte Tomatenmark (falls verwendet) sowie Salz und Pfeffer nach Geschmack zufügen. Das Ganze unter häufigem Rühren garen, bis der Reis den Großteil der Flüssigkeit aufgenommen hat. Vom Herd nehmen und leicht abkühlen lassen.

4

Das ausgehöhlte Gemüse zu etwa drei Vierteln mit der Reis-Hackfleisch-Masse füllen – die Füllung quillt während des anschließenden Garens im Ofen noch auf – und die zugehörigen Deckel wieder auflegen.

Zutaten *(Für 6 Personen)*

* 6 große, feste Tomaten
* 6 grüne Paprikaschoten
* Salz
* Zucker

Für die Füllung
* 4 EL Olivenöl
* 1–2 große Zwiebeln, grob gewürfelt
* 2–3 Knoblauchzehen, grob gehackt
* 250 g Hackfleisch vom Rind
* Salz und frisch gemahlener schwarzer Pfeffer
* 1 kg reife Tomaten, halbiert, entkernt, die Schale entfernt und in kleine Stücke gehackt
* 1 kleines Bund Petersilie, fein gehackt
* 30 g frische Minze, gehackt
* 100 g Rundkornreis
* 5 EL Pinienkerne
* 5 EL Korinthen
* 1 EL Tomatenmark, in 4 EL Wasser verrührt (nach Belieben)
* 240 ml Gemüsebrühe oder Wasser

Die gefüllten Tomaten und Paprikaschoten nebeneinander in einen großen Bräter setzen. Die übrigen 2 EL Öl und den Rest der gehackten Tomaten darüber verteilen. Die Brühe in den Bräter gießen. Das gefüllte Gemüse etwa 1 Std. im vorgeheizten Ofen garen. Servieren.

Selbstverständlich gibt es zu diesem Rezept zahllose Variationen. So könnten Sie etwa andere Kräuter nach Wahl verwenden, das Fleisch durch einen kräftigen Hartkäse ersetzen oder sowohl Fleisch als auch Käse weglassen und stattdessen die Reismenge vervierfachen, also auf 400 g. Als leckeres Extra stecken Sie Kartoffelspalten zwischen die Tomaten und Paprikaschoten, bevor Sie das Gericht in den Ofen schieben.

MICHEL ROUX

Michel Roux ist ein in Frankreich geborener Koch und Gastronom, der seit Mitte der 1960er-Jahre in Großbritannien tätig ist. Gemeinsam mit seinem Bruder Albert eröffnete er in London das Le Gavroche, das später als erstes britisches Restaurant mit drei Michelin-Sternen ausgezeichnet werden sollte, und außerdem mit The Waterside Inn das erste Restaurant außerhalb Frankreichs, das 25 Jahre lang seine drei Sterne halten konnte. Wie sein Bruder machte Michel, der fast eine Laufbahn als Opernsänger eingeschlagen hätte, zunächst eine Ausbildung zum Pâtissier (Küchenkonditor). Nach seinem Militärdienst ging er zu Albert nach London, obwohl er kein Wort Englisch sprach. Das herausragende Renommee, das die Restaurants der Brüder im Lauf der Zeit erwarben, brachte den beiden den Ruf als „Urväter der modernen Restaurantküche in Großbritannien" ein. Michel wurde zweimal für seine Lebensleistung geehrt, er ist Träger mehrerer französischer Orden, darunter der Nationale Verdienstorden und der Nationalorden der Ehrenlegion, und im Jahr 2004 wurde er mit dem Orden eines Honorary Officer of the British Empire ausgezeichnet.

1984 rief Michel zusammen mit Albert das Roux Brothers Scholarship ins Leben, einen Wettbewerb für aufstrebende Kochtalente Großbritanniens. Darüber hinaus war er als Berater für Unternehmen wie British Airways und die Kreuzfahrtgesellschaft Celebrity Cruises tätig, und hat eine beeindruckende Zahl heute bekannter Spitzenköche ausgebildet.

IHR GRIECHISCHES LIEBLINGSESSEN?

Um es auf den Punkt zu bringen: Griechisches Essen ist stark lokal geprägt und wundervoll unprätentiös, dabei aber immer frisch. Es bringt die Farben und Düfte der Landschaft Griechenlands zum Ausdruck, einer Kulisse, die wie geschaffen ist, um in aller Gemütsruhe stundenlang gemeinsam mit Freunden und der Familie zu essen. Dabei ist der *meze*-Reigen nicht nur ein unverzichtbares Muss mit hohem Genussfaktor, sondern er spiegelt für mich das Land in seiner überwältigenden Vielfalt wider: den Himmel und das Meer, beides endlos und von bestechendem Blau, den Mondschein, die Herzlichkeit der Menschen, die Weisheit der Philosophen und die alte, faszinierende Geschichte. Einer meiner *meze*-Favoriten ist Oktopus mit *fava*, einem cremigen Püree von halben Gelben Schälerbsen (siehe S. 156), serviert mit Zitrone zum Beträufeln und frischem Oregano.

In Griechenland habe ich die köstlichsten Meeresfrüchte meines Lebens gegessen – ich denke da etwa an die perfekt gegarten Kalmare, die man mir in einer einfachen Taverne in Kefalonia, im Schatten einer Festung aus dem 16. Jahrhundert und in unmittelbarer Nachbarschaft einer kleinen Bucht, servierte. Und dann dieser exquisite, zarte Lammbraten bei dem das Fleisch förmlich vom Knochen fällt, und dazu nichts weiter als ein im Fond mitgegarter Reis-Pilaw, sowie hausgemachter Joghurt; dieses rustikale Gericht genieße ich, wenn ich Freunde auf der Insel Samos besuche. Zu meinen liebsten Erlebnissen gehört es, auf einer Bootstour an einigen Felsen Halt zu machen, ins Wasser zu springen und Seeigel einzusammeln, die man dann einfach aufbricht, nur im Meerwasser wäscht und an Ort und Stelle in der gleißenden Sonne verzehrt.

Eine allgegenwärtige Zutat, die ich sehr liebe, ist der wilde Oregano. Sein Name, der aus dem Griechischen stammt, bedeutet übersetzt „Freude der Berge". Er ist das einzige Kraut, das ich getrocknet lieber mag als frisch, und nirgends auf der Welt entfaltet er ein solches Aroma wie in Griechenland. Wonach ich mich aber am meisten sehne, wenn ich in Griechenland lande, ist ein simpler Salat, zubereitet mit exquisiten Kalamata-Oliven und bestem Feta, mit ein wenig von besagtem getrocknetem Oregano oder vielleicht auch mit etwas Thymian oder Minze in dunklem, tiefaromatischem und leicht beißendem Olivenöl mariniert. Ich tunke Brotstücke in den Salat und genieße das Ganze mit einem Glas gekühltem Wein. Wenn ich nur daran denke, läuft mir das Wasser im Mund zusammen!

Natürlich ist für mich als Franzose ein Essen ohne Wein undenkbar. Im Verlauf der letzten zehn bis 15 Jahre hat Griechenland so manchen Wein von einzigartiger Güte hervorgebracht. Einer der berühmtesten ist der Samos Vin Doux, ein Süßwein, der zu den ältesten Gewächsen Griechenlands zählt und heute in einigen der nobelsten Restaurants der Welt kredenzt wird.

WAS BEDEUTET GRIECHENLAND FÜR SIE?

Griechenland ist für mich so etwas wie ein Himmel auf Erden. Dort sind einige meiner liebsten Freunde zu Hause, und im eleganten Hotel Metropolitan in Athen befindet sich auch eines meiner Restaurants, das L'Avenue. Sein Chefkoch Ilias Kariotoglou ist ein sehr geschätzter Freund von mir: gemeinsam haben wir jahrelang im The Waterside Inn in England und davor für Celebrity Cruises in der Küche gestanden. Ilias hat mir viele versteckte gastronomische Perlen gezeigt, vor allem in Athen.

Die Gegensätze in Athen finde ich atemberaubend: Allerorts entdeckt man Verweise auf eine uralte, reichhaltige Geschichte, gleichzeitig spürt man überall die pulsierende Energie des modernen Lebens. Ich liebe diese Stadt, ihr Brummen und Summen. Letzten Endes aber gehört mein Herz den kleinen Orten mit ihrer einfachen und friedlichen Lebensweise. Griechenland ist wie kein anderes Land von Wasser dominiert, und nirgends sonst habe ich ein solches Meeresblau gesehen. Ich liebe es, die winzigen Restaurants inmitten der Olivenhaine in den Hügeln zu erkunden oder mit Familie und Freunden kleine Bootsfahrten zu unternehmen. Ein von mir bevorzugtes Inselgericht ist in der Pfanne gebratene Rotbarbe im „Savoro-Stil" mit Essig, Rosinen und Rosmarin.

IHRE SCHÖNSTE ERINNERUNG AN GRIECHENLAND?

Ich habe mehrere denkwürdige Sommer in Porto Heli auf dem östlichen Peloponnes verbracht. Es ist eine wunderschöne Gegend, einerseits kosmopolitisch und voll erschlossen, mit fantastischen Hotels und Geschäften, andererseits aber noch mit dem malerischen Charme eines einfachen, alten Fischerdorfes; und gleich gegenüber befinden sich die Überreste der antiken Stadt Halieis. Der Ort ist ein kleines Juwel, und mit Freude habe ich beobachtet, wie er gleichsam als Symbol dazu beigetragen hat, Griechenland aus seiner jüngst erlittenen Tourismusflaute und damit seiner Wirtschaftskrise etwas herauszuführen. Porto Heli ist ein farbenfrohes Städtchen und ein kulturelles Zentrum, in gewisser Weise noch wildwüchsig und zugleich elegant. Ein Ort des Friedens, an dem sich die alltäglichen Sorgen und Nöte im Meer auflösen. Dort genieße ich Urlaubstage mit alten Freunden und neuen Bekannten. Während wir am Pool entspannen, planen wir Tagesausflüge mit dem Boot, um beispielsweise unberührte Sandstrände ausfindig zu machen. Bei alldem zieht es mich aber alsbald wieder in die Küche, um ein Essen auf die Beine zu stellen, in dem der zauberhafte Charakter und die Düfte dieses himmlischen Fleckchens Erde lebendig werden.

Ganze Rotbarben im Savoro-Stil

Σαβόρο · Savoro

Dieses Rezept ist meinem geschätzten Freund Ilias Kariotoglou gewidmet, Chefkoch des Restaurants L'Avenue im Athener Metropolitan Hotel. Falls Sie keine Rotbarben bekommen, weichen Sie auf Flussbarsch oder Forelle aus. Vergessen Sie nicht, die Knoblauchzehe vor dem Aufschneiden vom grünen Keim zu befreien, da er leicht bitter schmecken kann. Für eine herzhafte Variante könnten Sie etwas bottarga *(gesalzener und getrockneter Meeräschenrogen, der griechische Name lautet* avgotaraho*) über das Gericht reiben. Als Beilage passt dazu gut ein leichter Salat aus halbierten hellen Trauben, feinen Scheiben von Frühlingszwiebeln, Petersilie, Tomate und abgeriebener Schale von einer Bio-Zitrone.*

Zubereitung *(Für 6 Personen)*

1

Das Mehl in eine flache Schale geben. Die Fische sorgfältig trocken tupfen und im Mehl wenden, sodass sie einen gleichmäßigen, leichten Überzug erhalten, anschließend überschüssiges Mehl wieder abschütteln.

2

Das Öl in einer großen Pfanne auf mittlerer Stufe erhitzen. Die Rotbarben von beiden Seiten je 2 Min. sanft braten, danach herausnehmen und auf Küchenpapier entfetten. Bei verminderter Temperatur den Knoblauch in der Pfanne kurz dünsten. Die Kirschtomaten mit dem Zucker und dem Tomatenmark rasch untermischen. Dann die Rosinen und den Rosmarin hinzufügen. Den Essig zugeben und den Bratensatz vom Pfannenboden losrühren. 200 ml Wasser dazugießen. Alles einmal aufkochen und dann bei verminderter Temperatur 5 bis 7 Min. köcheln lassen, bis sich eine Sauce ergibt, die den Rücken eines Löffels gleichmäßig überzieht. Mit dem Zitronensaft, Salz und Cayennepfeffer abschmecken und die Pfanne vom Herd nehmen. Die Rotbarben auf einer Servierplatte anrichten, mit der Sauce überziehen und servieren.

* 75 g Mehl
* 6 mittelgroße Rotbarben, gesäubert, entschuppt und ausgenommen
* 300 ml Olivenöl
* 1 Knoblauchzehe, in Scheiben geschnitten
* 150 g Kirschtomaten, geviertelt
* 1 EL Zucker
* 1 TL Tomatenmark
* 290 g Rosinen
* 4–5 Zweige frischer Rosmarin
* 325 ml guter Rotweinessig
* 200 ml Wasser
* Saft von ½ Bio-Zitrone
* Salz
* Cayennepfeffer

Das Gericht, das an die sardelle in saor *Venedigs erinnert, könnte auf byzantinische Zeiten oder sogar auf die alten Römer zurückgehen, die eine große Vorliebe für süßsaure Geschmacksnoten hegten. Bevor die Kühltechnik aufkam, bildete diese Art der Zubereitung eine ideale Möglichkeit, um übrig gebliebenen Fisch vor dem Verderb zu bewahren. Rotbarben im Savoro-Stil galten als Delikatesse, dass oft mehr davon zubereitet wurde, als die Familie bei einer Mahlzeit essen konnte. Im 19. Jahrhundert ließen Frauen von Inseln wie Ithaka ihren Männern und Söhnen, die in der Donauschifffahrt arbeiteten, kistenweise* savoro *zukommen.*

PRINZ NIKOLAOS VON GRIECHENLAND

Prinz Nikolaos wurde 1969 in Rom geboren. Dorthin hatten sich seine Eltern, Ihre Majestäten König Konstantin und Königin Anne-Marie nach dem griechischen Militärputsch im Jahr 1967 ins Exil begeben.
1975 siedelte die Familie nach London um, wo Nikolaos Hausunterricht erhielt, bevor er das Hellenic College of London besuchte. Während seines Studiums der Internationalen Beziehungen an der Brown University in Rhode Island nahm er eine einjährige Auszeit um im Dienst des Britischen Heeres eine sogenannte Short Service Limited Commission bei den Royal Scots Dragoon Guards zu absolvieren. Seine Dienstzeit bei der „königlich-schottischen Dragonergarde", einem Kavallerie-Regiment der britischen Streitkräfte, absolvierte er mit dem Grad eines Offiziers.
Nach seinem Studiumabschluss 1993 war Nikolaos für Fox News in New York, das britische Bankhaus NatWest Markets und das persönliche Büro von König Konstantin tätig. Seit 2003 arbeitet er als Berater.

Inspiriert durch die ästhetische Schönheit der Natur und seiner alltäglichen Umgebung wandte sich Prinz Nikolaos vor drei Jahren der Fotografie zu, um diese ins Blickfeld zu rücken. Im November 2015 nahm er an einer Gruppenausstellung bei Christie's in London teil. Im März 2016 waren seine Arbeiten bei der von der New York Times ausgerichteten Konferenz „Art for Tomorrow" in Doha, Katar, zu sehen.
Er sitzt im Vorstand der Knightsbridge Schools International und ist aktives Mitglied von Symplefsi, einer gemeinnützigen Freiwilligenorganisation in Griechenland, die lokale Gemeinschaften auf entlegenen Inseln unterstützt.

Prinz Nikolaos und seine Frau, Prinzessin Tatiana, heirateten 2010. Drei Jahre später zogen sie nach Athen.

IHR GRIECHISCHES LIEBLINGSESSEN?

Seit unserem Umzug nach Griechenland im Jahr 2013 ist mir wieder deutlich geworden, wie köstlich frische, biologisch angebaute Produkte schmecken. Alle Nahrungsmittel in Griechenland, ob vom Land oder aus dem Meer, haben ein so intensives Aroma, wie man es nirgendwo sonst findet. Besonders glücklich macht mich das Lächeln auf dem Gesicht meiner Frau, wenn wir zusammen auf den Markt gehen und sie beim Einkauf ein neues Produkt der Saison entdeckt hat wie zum Beispiel Wildspargel. Ihre Freude ist mitreißend. Es ist, als brächte sie Schätze nach Hause, die bis dahin verborgen waren.

Meine Lieblingsgerichte sind wohl Tatianas *kolokythakia makaronada* (Zucchini mit Pasta) oder auch ein Teller dampfend heißes *yiouvetsi* (ein Eintopfgericht, das immer reisförmige Nudeln – Orzo – enthält) oder aber *kotosoupa avgolemono* (Hühnersuppe mit Ei und Zitrone), an einem kalten Winterabend zu Hause oder hoch in den Bergen von Zagorohoria genossen. Ich liebe den denkbar schlichten und zugleich unglaublich leckeren Kartoffelsalat: von Hand zerdrückte heiße Ofenkartoffeln und darauf einfach bestes Olivenöl aus Mani, Meersalzflocken aus Messolonghi und Petersilie. Zu einem perfekten späten Lunch mit Freunden und Familie an einem heißen Sommertag gehören für mich frische Seeigel, marinierte *gavros* (Sardellen), bestreut mit zerriebenen Chilischoten, und griechische Tomaten – in puncto Geschmack und Farbe einfach unerreicht! – und dazu eisgekühlter *tsikoudia* (Raki) aus Kreta.

WAS BEDEUTET GRIECHENLAND FÜR SIE?

In einem Wort: alles. Es ist mein Heimatland, hier liegen meine Wurzeln. Obwohl ich im Ausland aufgewachsen bin, hat Griechenland die Person, die ich heute bin, auf vielerlei Art geprägt. Ich habe immer davon geträumt, dass ich eines Tages hier zu Hause sein würde, und nun bin ich dankbar, dass es dazu gekommen ist. Das Licht in Griechenland ist einzigartig, und eben dieses Licht inspiriert mich jedes Mal, wenn ich die Kamera in die Hand nehme, um einige der schönsten Landschaften einzufangen, die mir je vor Augen gekommen sind.

IHRE SCHÖNSTE ERINNERUNG AN GRIECHENLAND?

Meine absolut schönste Erinnerung ist der Moment, in dem meine Frau und ich nach unserer Trauung auf Spetses aus der Kirche traten. Der zweitschönste Moment war der Gewinn der Fußball-Europameisterschaft 2004. Es war das erste Mal, dass Griechenland diesen Sieg erringen konnte, und die Begeisterung der Menschen auf den Straßen war an jenem Abend unbeschreiblich: Alle lagen sich in den Armen. Dieses magische Wir-Gefühl fand seine Fortsetzung in der Feierlaune, die das gesamte Land während der Olympischen Sommerspiele in Athen wenige Wochen später erfasste.

Mit Freude denke ich auch an die alltäglichen Momente zurück, die ich hier erlebe, insbesondere dann, wenn ich Menschen oder Orte ganz neu kennenlerne. Auf meinen ausgiebigen Reisen gemeinsam mit Tatiana habe ich das Glück, so manchen verborgenen Schatz Griechenlands entdecken zu können. Als aktives Mitglied einer gemeinnützigen Freiwilligenorganisation konnte ich schon einige der abgelegensten Inseln des Landes besuchen, und diesen Inseln samt ihren Bewohnern verdanke ich einige meiner schönsten Erinnerungen.

Rindfleischauflauf mit Reisnudeln

Γιουβέτσι · Yiouvetsi

Orzo ist eine reiskornförmige Nudelsorte und in Griechenland äußerst beliebt. Gerichte, in denen Orzo verwendet wird, heißen yiouvetsi – genau wie der Topf, in dem sie traditionell zubereitet werden. Graviera ist ein Hartkäse von hellgelber Farbe und nussigem Geschmack, als Ersatz eignet sich Gruyère.

1
Den Backofen auf 165 °C vorheizen.

2
Das Fleisch nach Geschmack salzen und pfeffern. Das Öl in einem weiten, flachen ofenfesten Topf mit schwerem Boden bei großer Hitze erwärmen; die Fleischwürfel darin rundum braun anbraten. Die Temperatur auf die mittlere Stufe verringern. Zwiebeln zum Fleisch geben und unter ständigem Rühren mitbraten, bis sie glasig sind.

3
Lorbeerblatt, Zimtstange, Nelke und Pimentbeeren in ein Mullsäckchen füllen (alternativ die Gewürze zerbröckeln und in ein Tee-Ei geben). Gewürze, Knoblauch, Tomatenmark und Paprika in den Topf geben und alles gut durchmischen. Den Wein dazugießen und auf etwa ein Drittel einkochen lassen. Brühe, Tomaten und Zucker in den Topf geben. Alles einmal aufkochen, danach den Topf mit einem Deckel verschließen und für 2 Std. in den vorgeheizten Ofen schieben.

4
Die Backofentemperatur auf 220 °C schalten. Den Topf aus dem Ofen nehmen, die Gewürze entfernen und die Orzo untermischen. Das Gericht mit dem Käse bestreuen, ohne Deckel erneut in den Ofen schieben und nochmals etwa 15 Min. garen,

Zutaten *(Für 4–5 Personen)*

* 800 g ausgelöstes Rindfleisch zum Schmoren oder Lammschulter, gesäubert und in große Würfel geschnitten
* Salz und frisch gemahlener schwarzer Pfeffer
* 4 EL Olivenöl
* 2 Zwiebeln, fein gewürfelt
* 1 Lorbeerblatt
* 1 Stange Zimt
* 1 ganze Gewürznelke
* 2 Pimentbeeren
* 2 Knoblauchzehen, fein gehackt
* 2 ½ EL Tomatenmark
* 1 TL Paprika, edelsüß
* 150 ml Rotwein
* 1 l Rindfleischbrühe, plus mehr nach Bedarf
* 200 g Tomaten, halbiert, entkernt und fein gehackt
* 1 TL Zucker
* 320 g Orzo (reiskornförmige Nudeln)
* 60 g *graviera* (ersatzweise Gruyère), gerieben
* 3 EL Butter
* 1 EL frische Petersilie, fein gehackt
* 2 Eiswürfel

dabei nach Bedarf weitere Brühe zugießen. Wenn die Orzo bissfest sind, die Butter unterrühren und 2 Eiswürfel dazugeben, um den Garprozess der Nudeln zu stoppen. Das Gericht mit der Petersilie bestreuen und servieren.

Reisnudeleintopf mit Garnelen, Tomaten & Safran

Γιουβέτσι με γαρίδες, ντομάτα και κρόκο Κοζάνης
Yiouvetsi me garides, domata kai kroko Kozanis

Da ich mich nicht entscheiden konnte, welches der zwei yiouvetsi-Gerichte mein Favorit ist, stelle ich Ihnen beide vor. Das nachfolgende Rezept ergibt mehr Garnelen-Bisque, als Sie eigentlich benötigen. Frieren Sie den Rest ein, um ihn bei anderer Gelegenheit als Suppe zu genießen.

I

Für die Garnelen-Bisque: die Garnelen schälen und vom Darm befreien; die Garnelenschalen und -köpfe (falls beim Einkauf noch vorhanden) beiseitelegen. Die Garnelenschwänze in eine Schüssel geben, abdecken und in den Kühlschrank stellen. In einer großen Pfanne das Öl auf mittlerer Stufe erhitzen. Zwiebeln, Möhren und Knoblauch unter häufigem Rühren im Öl anschwitzen, bis das Gemüse weich und die Zwiebeln glasig sind. Die Garnelenschalen sowie (falls vorhanden) die Garnelenköpfe dazugeben und durchmischen, bis sie gleichmäßig mit Öl überzogen sind. Das Tomatenmark gründlich untermischen. Den Weinbrand hinzugießen und die Pfanne vom Herd nehmen. Den Alkohol entzünden und die Flamme mit dem Wein ablöschen. Die Pfanne wieder aufsetzen und den Alkohol leicht verkochen lassen, dann das Wasser (oder Fischfond) zusammen mit den Lorbeerblättern dazugeben. Alles 40 Min. köcheln lassen. Den Pfanneninhalt portionsweise im Mixer fein hacken, anschließend das Ganze über einer Schüssel durch ein großes feinmaschiges Sieb gießen; zuletzt die Rückstände im Sieb wegwerfen. Von der Bisque 240 ml abmessen und beiseitestellen; den Rest einfrieren.

Zutaten *(Für 4 Personen)*

Für die Garnelen-Bisque

* 12 Riesengarnelen (insgesamt etwa 500 g)
* 4 EL Olivenöl
* 200 g Zwiebeln, grob gewürfelt
* 120 g Möhren, grob gewürfelt
* 2 Knoblauchzehen
* 2 EL Tomatenmark
* 100 ml Weinbrand
* 80 ml trockener Weißwein
* 1,5 l Wasser oder Fischfond
* 2 Lorbeerblätter

Für den Eintopf: 2 bis 3 EL Öl in einer großen, beschichteten Pfanne auf mittlerer bis großer Stufe erhitzen. Die Garnelenschwänze aus dem Kühlschrank nehmen und darin von beiden Seiten etwa 1 Min. braten. In eine Schüssel geben und beiseitestellen. Die geriebene Zwiebel in die Pfanne geben und einige Minuten braten, dann den Knoblauch noch kurz mitbraten. Als Nächstes den Orzo untermischen und in 2–3 Min. leicht anrösten. Mit dem Ouzo ablöschen. Die zuvor beiseitegestellte Garnelen-Bisque zusammen mit der Brühe, den Tomaten, dem Zucker und dem Safran in die Pfanne geben. Alles etwa 10 Min. köcheln lassen. Die Butter und 1 bis 2 EL Öl sowie Salz und Pfeffer nach Geschmack unterziehen. Die Garnelen wieder in die Pfanne einlegen und gründlich durchwärmen. Das Gericht mit der Petersilie bestreuen und servieren.

Für den Eintopf

* 4 EL Olivenöl
* 1 große weiße Zwiebel, gerieben
* 1 Knoblauchzehe
* 200 g Orzo (reiskornförmige Nudeln)
* 3 ½ EL Ouzo
* 600 ml Gemüse- oder Hühnerbrühe
* 2 Tomaten, enthäutet, halbiert, entkernt und fein gehackt
* ½ TL Zucker
* ½ TL Safranfäden, in einigen EL der Brühe eingeweicht
* 4 EL Butter
* Salz und frisch gemahlener schwarzer Pfeffer
* 1 EL frische Petersilie, fein gehackt

Hühnersuppe mit Ei & Zitrone

Κοτόσουπα με αυγολέμονο · Kotosoupa me avgolemono

Verwenden Sie nach Möglichkeit ein Huhn aus Bio-Haltung – man schmeckt wirklich den Unterschied! Viele Rezeptversionen für dieses Gericht schreiben vor, den Reis direkt in der Brühe zu garen. Dabei passiert es aber leicht, dass er die gesamte Flüssigkeit aufsaugt, sodass sich anstelle einer Suppe eine Art Hühnerrisotto ergibt. Besser ist es daher, den Reis separat zu kochen.

1

Das Huhn in einem großen Topf mit kaltem Wasser bedecken. Aufsetzen und zum Kochen bringen. Den Schaum solange abschöpfen, bis das Wasser klar bleibt. Zwiebeln, Möhren, Staudensellerie, Petersilie, Pfefferkörner und einige Prisen Salz dazugeben. Erneut aufkochen lassen und dann bei verminderter Hitze köcheln lassen, bis das Huhn nach etwa 1 ¼ Std. gar ist.

2

Inzwischen den Reis abspülen. In einen kleinen Topf füllen, mit Wasser übergießen und das Ganze zugedeckt einmal aufkochen lassen. Anschließend die Temperatur verringern und den Reis in etwa 15 Min. (je nach Packungsanweisung) köchelnd garen. Vom Herd nehmen und beiseitestellen.

3

Das Huhn aus der Brühe nehmen und auf eine Platte mit hohem Rand geben. Die Brühe über einer Schüssel durch ein feinmaschiges Sieb abgießen, zuletzt das aufgefangene Gemüse gut ausdrücken, um möglichst viele Aromastoffe zu gewinnen. Das Gemüse wegwerfen, die Brühe zurück in den Topf gießen. Das Huhn auslösen, das Fleisch würfeln und in die Brühe geben.

4

Für die Ei-Zitronensauce: die Eier in einer Schüssel verquirlen und den Zitronensaft gründlich einrühren. (Für eine sämigere Suppe zunächst die Maisstärke mit etwas Wasser zu einer Paste verrühren und unter die Ei-Zitronenmischung

Zutaten *(Für 4 Personen)*

* 1 Suppenhuhn (1,4–1,6 kg), küchenfertig vorbereitet
* 2 Zwiebeln, geschält und halbiert
* 2 Möhren
* 4 Stangen Staudensellerie, halbiert
* 5 oder 6 frische Petersilienstängel
* 4 Pfefferkörner
* Salz
* 200 g weißer Reis (Langkorn oder Mittelkorn, z.B. italienischer Carnaroli-Reis)
* 480 ml Wasser
* Zitronenspalten

Für die Ei-Zitronensauce
* 2 große Eier, raumtemperiert
* Saft von 1–2 Zitronen
* 1 TL Maisstärke (nach Belieben)

rühren. Dadurch verringert sich das Risiko, dass das Ei gerinnt, was aber ohnehin nicht passieren wird, wenn Sie behutsam vorgehen.) Esslöffelweise die warme (nicht kochend heiße!) Brühe zur Eimischung geben. Nachdem etwa die Hälfte der Brühe eingerührt ist, den Rest in den Topf gießen. Die Suppe behutsam erhitzen, aber nicht mehr aufkochen, sonst gerinnt das Ei. Den Reis in die Suppe geben. Mit Salz und Pfeffer abschmecken und mit Zitronenspalten garniert heiß servieren.

Tatianas Zucchini-Carbonara

Κολοκυθάκια μακαρονάδα · Kolokythakia makaronada

*Sollten Sie keinen kefalotyri und graviera bekommen, verwenden Sie stattdessen
Parmesan oder Pecorino Romano, nach Belieben auch gemischt.*

Zutaten *(Für 2 Personen – oder für 1 sehr hungrigen Ehemann!)*

* 3 EL natives Olivenöl extra
* 1 rote Zwiebel, gewürfelt
* 450 g mittelgroße Zucchini, geraspelt
* Salz und frisch gemahlener schwarzer Pfeffer
* 70 g *kefalotyri*-Käse, gerieben
* 30 g *graviera*-Käse, gerieben, und mehr zum Servieren
* 2 Eigelbe, raumtemperiert
* 200 g Spaghetti oder Fusilli

1

Das Öl in einer großen, schweren Pfanne auf mittlerer Stufe erhitzen. Die Zwiebel unter häufigem Rühren in etwa 2 Min. hellgelb anschwitzen. Die Zucchini untermischen und braten, bis sie nach etwa 10 Min. Farbe annehmen; nach Geschmack salzen und pfeffern. Die Pfanne vom Herd nehmen.

2

Unterdessen den gesamten geriebenen Käse mit den Eigelben in eine große Schüssel geben. Mit einer Gabel kräftig verrühren; nach Geschmack salzen und pfeffern. In einem großen Topf reichlich Wasser zum Kochen bringen, salzen und die Pasta hineingeben. Soeben al dente garen, dabei gelegentlich umrühren.

3

Durch ein Sieb abgießen, dabei 1 kleine Schöpfkelle des Kochwassers auffangen und dieses dann unter die Ei-Käse-Mischung rühren (mit diesem kleinen Trick verleihen Sie können Sie so ziemlich jeder Pastasauce eine wundervoll sämige Konsistenz verleihen). Die Hälfte der Pasta zur Ei-Käse-Mischung geben und gleichmäßig untermengen. Den Rest der Pasta zu den Zucchini in die Pfanne geben und ebenfalls gleichmäßig untermengen. Den Pfanneninhalt in die große Schüssel füllen und alles gründlich vermischen. (Die in den Nudeln gespeicherte Hitze lässt das Ei stocken. Indem man die Pasta aufteilt, wird dieser Prozess verlangsamt, sodass man am Ende kein Rührei erhält.) Das Gericht noch einmal mit Salz und Pfeffer abschmecken. Heiß servieren und nach Belieben dazu weiteren geriebenen Käse reichen.

i

Geraspelte Zucchini garen ziemlich schnell; alternativ könnten Sie die Zucchini auch quer in 6 mm dicke Scheiben schneiden. Es muss nicht immer italienische Pasta aus Hartweizengrieß sein. Greifen Sie für ein leckeres und nahrhaftes Gericht auch zu Nudeln aus Dinkel-, Reis- oder Kichererbsenmehl.

NIKOS ALIAGAS

Nikos Aliagas wurde 1969 in Paris als Sohn griechischer Eltern geboren. Nach dem erfolgreichen Abschluss seines Studiums der modernen französischen Literatur an der Sorbonne begann er seine Medienkarriere bei Radio France International. Von dort wechselte er 1992 zu Radio Notre-Dame. Parallel gab er ein griechisches Kulturmagazin heraus und präsentierte für einen armenischen Radiosender ein Programm in griechischer Sprache. Zwischen 1993 und 1999 war Nikos Aliagas, der fünf Sprachen beherrscht, beim paneuropäischen Fernsehsender Euronews beschäftigt und dabei als einer der hauptverantwortlichen politischen Reporter insbesondere für die Berichterstattung über Griechenland und Zypern zuständig. Gleichzeitig arbeitete er als Nachrichtensprecher für Tele Monte Carlo. Seit 2001 ist Nikos für den TV-Sender TF1 tätig und präsentiert dort bis heute die größten Shows im französischen Fernsehen. Neben seinen Aktivitäten für das Fernsehen interviewt Nikos für den Radiosender Europe1 führende Persönlichkeiten der internationalen Kulturszene und akademischen Welt. Er hat mehrere Bücher über die griechische Zivilisation geschrieben und ist leidenschaftlicher Fotograf. Soziales Engagement hat für Nikos eine hohe Priorität. So ist er Gründungspate der Stiftung Grégory Lemarchal, die sich dem Kampf gegen Mukoviszidose verschrieben hat, und von Wheeling Around the World, einer Organisation, die mobilitätseingeschränkten Menschen das Reisen erleichtern will. Er wurde zum Ritter des Ordens für Kunst und Literatur (Ordre des Arts et des Lettres) ernannt – eine der höchsten Ehrungen in Frankreich – und in Griechenland wurde ihm eine Briefmarke gewidmet.

IHR GRIECHISCHES LIEBLINGSESSEN?

Mein griechisches Lieblingsprodukt ist der gesalzene und sonnengetrocknete Meeräschenrogen, der in meiner Heimatstadt Messolonghi erzeugt wird. Er ist unter dem italienischen Namen *bottarga* bekannt, die griechische Bezeichnung lautet *avgotaraho*. Dieser Rogen hat einen intensiven Geschmack, fast wie das Meer selbst, und ist zudem sehr nährstoffreich. Eine perfekte kleine Vorspeise (*meze*).

WAS BEDEUTET GRIECHENLAND FÜR SIE?

Da ich in Paris als Sohn stolzer griechischer Eltern aufwuchs, ist eine innige Verbindung zu Griechenland quasi fest in meiner DNA verankert. Noch viel mehr als für die Schönheit seiner Natur, für seine Geschichte und seine Philosophie steht das Land für eine Lebensart. Es ist wie ein Archetyp, der das kollektive Unbewusste aller Griechen prägt und der ihr Selbstverständnis auf eine Weise bestimmt, die weit über die sichtbare Welt um uns herum hinausgeht. Man kann sich also denken, dass mir Griechenland ganz viel bedeutet: Es ist die Luft, die ich atme, es bringt mich in Kontakt mit meinem eigenen Selbst und mit anderen, es bedeutet für mich Spiritualität, meine eigentliche Herkunft – die Liste könnte ich noch viel weiter fortsetzen.

Mit Griechenland verbinde ich meine bisher liebsten und teuersten Erinnerungen und Erfahrungen. Sollte ich eine hervorheben, wäre es die Taufe unserer Tochter Agathe in dem kleinen Kloster der heiligen Agathe in Aitoloakarnania (Zentralgriechenland) im Juli 2013. Die heilige Agathe ist die Schutzpatronin dieser Gegend, und ihr zu Ehren veranstalten die Einheimischen jedes Jahr im August ein dreitägiges Fest. Seit meiner Kindheit habe ich aktiv an diesen Feierlichkeiten teilgenommen, bei denen es darum geht, das eigene Bewusstsein im gemeinschaftlich erlebten Beten, Singen und Tanzen so zu verändern, dass das Menschliche mit dem Göttlichen in Verbindung tritt. Dieses traditionelle Ritual ist gleichsam eine persönliche Katharsis. Meine jährliche Teilnahme an diesem Fest führt mir die wahre Bedeutung des Lebens vor Augen, verleiht mir Stärke und Orientierung. So gesehen war auch Agathes Taufe für mich eine zutiefst spirituelle und beglückende Erfahrung – ein wunderbares Erlebnis, das wir mit den Menschen, die wir lieben, an einem Ort, den ich am allermeisten liebe, teilen konnten. Ein herrlicher Nachmittag, erfüllt von den Düften Griechenlands, von Gesang, Lachen und Weinen. Nach der Zeremonie tanzten wir unter den Ahornbäumen vor dem Kloster, und anschließend feierten wir in dem malerischen Dorf Stamna, in dem mein Vater einst geboren wurde, weiter. Übrigens sollte man, was die griechische Küche und ihre besonderen Delikatessen betrifft, unbedingt das Spanferkel vom Grill aus Stamna probieren. Wahrscheinlich schmeckt es nirgends sonst im Land so gut.

Pastitsio

Παστίτσιο

Ein Essen, das Leib und Seele gleichermaßen guttut und das daher auch bei Kindern hervorragend ankommt.
Graviera ist ein griechischer Hartkäse von hellgelber Farbe und nussigem Geschmack; Gruyère bildet
einen angemessenen Ersatz.

①

Für die Fleischsauce: Möhren, Zwiebeln, Staudensellerie und Knoblauch in eine Küchenmaschine oder einen Standmixer geben; alles zusammen fein hacken, jedoch nicht pürieren.

②

Das Öl in einer großen Pfanne auf mittlerer Stufe erhitzen. Das Hackfleisch darin braten, bis es seinen rosa Schimmer vollständig verloren hat. Sobald es die Farbe eines gut durchgebratenen Steaks aufweist, größere Fleischbrocken mit einem Holzlöffel fein zerteilen. Das gehackte Gemüse untermischen und 5 Min. mitbraten, bis die Stückchen weich sind. Mit dem Wein ablöschen und diesen verkochen lassen.

Zutaten *(Für 4 Personen)*

Für die Fleischsauce
* 2 Möhren, geschält und gehackt
* 2 Zwiebeln, gewürfelt
* 1 Stange Staudensellerie, gehackt
* 2 Knoblauchzehen, geschält
* 125 ml Olivenöl
* 600 g Hackfleisch vom Rind
* 125 ml trockener Rotwein
* 360 g Tomaten, gehackt (nach Belieben aus der Dose)
* 480 ml Rindfleisch- oder Hühnerbrühe
* 1 EL Tomatenmark
* 1 TL Paprikapulver edelsüß
* 5–6 Zweige frischer Thymian (oder ½ TL getrockneter Thymian)
* 1 Lorbeerblatt
* 1 Zimtstange

3

Gehackte Tomaten, Brühe, Tomatenmark, Paprikapulver, Thymianzweige, Lorbeerblatt und Zimtstange dazugeben. Das Ganze auf mittlerer Stufe in etwa 2 Std. zu einer sämigen Sauce einköcheln lassen. Thymianzweige, Lorbeerblatt und Zimtstange entfernen.

4

Für die Béchamelsauce: unterdessen die Milch in einem kleinen Topf erhitzen. In einem zweiten Topf die Butter auf mittlerer Stufe zerlassen, das Mehl hinzufügen und unablässig mit einem Schneebesen rühren, bis eine glatte Paste entstanden ist. Die Temperatur auf sehr kleine Stufe verringern. Die heiße Milch zur Mehlschwitze gießen und ständig mit dem Schneebesen rühren, bis sich schließlich eine dickflüssige Sauce ergibt. Mit Salz, Pfeffer und Muskatnuss abschmecken; den Topf vom Herd nehmen.

5

Den Backofen auf 185 °C vorheizen. Eine Auflaufform (28 x 38 cm) buttern und beiseitestellen.

6

In einem großen Topf reichlich Wasser zum Kochen bringen, salzen und die Nudeln darin al dente garen. Absieben, mit Salz und Pfeffer bestreuen, behutsam durchmischen und zurück in den Topf geben. Die Fleischsauce, die Hälfte der Béchamelsauce, die Eier und die Hälfte des geriebenen Käses gründlich unterziehen.

Für die Béchamelsauce
* 1,5 l Milch
* 150 g Butter
* 150 g Mehl
* Salz und frisch gemahlener weißer Pfeffer
* Geriebene Muskatnuss

* 500 g Makkaroni, Spaghettoni (dicke Spaghetti) oder Bucatini
* 2 Eier
* 200 g *graviera* (ersatzweise Gruyère), gerieben
* 2 EL getrocknete Semmelbrösel

7

Den Topfinhalt in der vorbereiteten Form verteilen. Mit der übrigen Béchamelsauce übergießen und diese mit einem zuvor in Wasser getauchten Spatel glatt streichen. Zuletzt den Auflauf mit dem restlichen Käse und den Semmelbröseln bestreuen. Im vorgeheizten Ofen in 35 bis 40 Min. goldbraun backen. Aus dem Ofen nehmen, 10 bis 15 Min. abkühlen lassen und dann servieren. (Durch die Ruhezeit lässt sich der Pastitsio anschließend leichter in Portionsstücke schneiden.)

Süße Kürbispastete

Κολοκυθόπιτα γλυκιά · Kolokythopita glykia

1 — Den Backofen auf 180 °C vorheizen.

2 — Das Kürbisfruchtfleisch über einem Sieb grob raspeln, anschließend mit den Händen möglichst gründlich ausdrücken. (Alternativ, falls Sie keine Eile haben, den geraspelten Kürbis abdecken und über Nacht abtropfen lassen.) Kürbisraspel, Hartweizengrieß, Zucker, Walnüsse, Korinthen, Zimt und Nelken in eine Schüssel geben und alles gleichmäßig vermengen.

3 — Auf der Arbeitsfläche ein Teigblatt ausbreiten, mit zerlassener Butter bestreichen und in Längsrichtung einmal zusammenfalten. Gut 1 cm vom unteren Rand des Teigrechtecks 3 bis 4 EL der Kürbismasse über die gesamte Länge so verstreichen, dass an beiden Enden etwa 1 cm frei bleibt. Das Ganze locker zu einer langen „Wurst" rollen, diese dann spiralförmig zusammenlegen (wie das Gehäuse einer Schnecke) und in die Mitte einer runden Backform (Ø 35 cm) geben. Nun das nächste Teigblatt buttern, falten, füllen und aufrollen. Diese „Wurst" so um die „Schnecke" legen, dass sich deren Ende mit dem Anfang der „Wurst" verbindet. Auf diese Weise alle übrigen Teigblätter füllen, rollen und in die Form geben, bis schließlich eine große, zusammenhängende Spirale entstanden ist. Die Oberseite mit dem Rest der zerlassenen Butter bestreichen. Die Pastete im vorgeheizten Ofen backen, bis sie nach etwa 40 Min. goldbraun und knusprig ist. Nach Belieben heiß oder kalt servieren; zuvor mit Puderzucker und etwas gemahlenem Zimt bestäuben.

Zutaten *(Für 8–10 Personen)*

* 1,2 kg Kürbis, geschält und entkernt
* 180 g Hartweizengrieß
* 200 g brauner Zucker
* 100 g Walnusskerne, zerstoßen
* 100 g Korinthen
* 2 EL gemahlener Zimt, plus mehr zum Bestreuen
* 1 TL gemahlene Gewürznelken
* 20–25 Blatt Filoteig
* 200 g Butter, zerlassen
* Puderzucker

Spaghetti mit roten Chillies, Bottarga & Limette

Μακαρονάδα με αυγοτάραχο · Makaronada me avgotaraho

Dieses Rezept verdanken wir dem Mann, der sich mit bottarga wahrscheinlich besser auskennt als jeder sonst in Griechenland. Genau wie Nikos Aliagas stammt Zafiris Trikalinos aus der Stadt Messolonghi, in deren angrenzenden Lagunen jene Meeräschen vorkommen, die den begehrten Rogen hervorbringen. Seit drei Generationen wird er von der Familie Trikalinos nach traditioneller Art konserviert, die Zafiris weiter perfektioniert hat. Heute ist der Name Trikalinos gleichsam ein Synonym für bottarga aus Griechenland, und rund um den Globus ist die Delikatesse des Familienunternehmens in ausgewählten Geschäften zu finden. Um Aroma, Geschmack und Konsistenz optimal zu schützen, sind die gepressten Laibe von Bienenwachs umschlossen. Man kann sie mitsamt der Hülle in Scheiben schneiden, muss das Wachs aber natürlich vor dem Verzehr entfernen.

1

In einem großen Topf reichlich Wasser zum Kochen bringen, salzen und die Spaghetti darin al dente garen. Absieben, dabei etwa 240 ml des Nudelwassers auffangen.

2

Das Öl in einem weiten, flachen Topf mit schwerem Boden auf mittlerer Stufe erhitzen. Chilischoten (oder Flocken) und Knoblauch hinzufügen und rühren, bis die Zutaten gut durchgewärmt sind.
Das aufgefangene Nudelwasser zusammen mit der Schale und dem Saft der Limetten sowie dem Schnittlauch dazugeben; zu einer leicht sämigen Sauce einköcheln lassen.
Die Spaghetti untermischen und den Topf vom Herd nehmen. Parmesan und *bottarga* zufügen und das Ganze gut durchmischen. Heiß servieren.

i

Für einen intensiveren Geschmack ersetzen Sie den Parmesan durch Bottarga-Pulver.

Zutaten *(Für 4 Personen)*

* Salz
* 500 g Spaghetti
* 2 EL natives Olivenöl extra
* 4 kleine getrocknete, scharfe Chilischoten (ersatzweise Chiliflocken)
* ½ Knoblauchzehe, angedrückt
* Abgeriebene Schale und Saft von 2 Bio-Limetten
* 2 EL frischer Schnittlauch, gehackt
* 25 g Parmesan, gerieben
* 30 dünne Scheiben *bottarga*

NOBU MATSUHISA

Nobuyuki Matsuhisa – kurz Nobu – ist der gefeierte Chef der Nobu- und Matsuhisa-Restaurants.
Geboren und aufgewachsen in Saitama in Japan, absolvierte Nobu eine Lehre in Tokyo, bevor er nach Peru
ging, um dort eine Sushi-Bar zu eröffnen. Die völlig neue Kultur und die regionalen Zutaten wirkten auf ihn, der eine
klassische Ausbildung zum Sushi-Meister hinter sich hatte, wie ein Katalysator: Er erfand einen neuen Weg,
der heute als „Nobu-Stil" bekannt ist. Nach weiteren Zwischenstationen in Argentinien, Japan und Alaska ließ er sich
in Los Angeles nieder, wo er im Januar 1987 sein erstes Restaurant, das Matsuhisa Beverly Hills, eröffnete.
Es machte sogleich Schlagzeilen und zog Feinschmecker wie bekannte Persönlichkeiten gleichermaßen an.
Dort begann auch die Freundschaft und Geschäftsbeziehung zwischen Nobu und dem Schauspieler und Regisseur
Robert De Niro. Gemeinsam mit dem Gastronom Drew Nieporent eröffneten sie 1994 in New York City das erste Nobu.
Derzeit betreibt Nobu 33 Nobu- und sechs Matsuhisa-Restaurants rund um den Globus.

IHR GRIECHISCHES LIEBLINGSESSEN?
Einfache Gerichte, etwa griechischer Salat und frischer
Fisch vom Grill, beträufelt mit bestem Olivenöl.

WAS BEDEUTET GRIECHENLAND FÜR SIE?
Griechenland ist ein wunderschönes Land mit unver-
gleichlichen Inseln und Küstengebieten. Zugleich ist es
die Wiege einer großartigen Kultur.

IHRE SCHÖNSTE ERINNERUNG AN GRIECHENLAND?
Die Einzigartigkeit der griechischen Inseln wie
etwa Mykonos und Santorin. Die weiß gekalkten
Häuser und verwinkelten Gassen und die herrlichen
Sonnenuntergänge.

Sardinen mit Wasabi Ponzu

Σαρδέλες με Wasabi Ponzu · Sardeles me Wasabi Ponzu

1

Die Sardinen filetieren, leicht salzen und 5 Min. ruhen lassen. Das Salz sowie den ausgetretenen Saft abwischen. Die Filets für etwa 3 Min. in kalten Reisessig einlegen. Aus dem Essig nehmen und gründlich trocken tupfen, damit das Fleisch der Sardinen nicht weiter „gart".

2

Für das Karasisumiso: die angegebenen Zutaten in einer kleinen Schüssel gründlich vermischen.

3

Für das Zwiebel-Wasabi-Ponzu: die Zwiebel fein würfeln. Zum Sonnenblumenöl und Ponzu (eine Mischung aus Sojasauce und Reisessig im Verhältnis 1:2) geben. Den pürierten Knoblauch und die Wasabi Pickle hinzufügen.

4

Die Sardinen zusammen mit dem Zwiebel-Wasabi-Ponzu und dem Karasisumiso auf einer großen Platte anrichten (siehe Foto).

Zutaten *(Für 1 Personen)*

* 5 frische Sardinen
* Salz
* 150 ml Reisessig

Für das Karasisumiso
* 100 ml Den Miso
  (japanische Paste, hauptsächlich aus Sojabohnen)
* 30 ml Reisessig
* 20 g Karasi (japanischer Senf)

Für das Zwiebel-Wasabi-Ponzu
* 1 weiße Zwiebel
* 20 ml Sonnenblumenöl
* 20 ml Ponzu
  (japanische Sojasauce, siehe Rezeptanleitung)
* 1 Knoblauchzehe, fein püriert
* 30 g Wasabi Pickle
  (in Wasabi eingelegtes Gemüse)
* Schnittlauch, Koriandergrün und Möhre
  als Garnitur

Wenn Sie Ihr eigenes Den Miso zubereiten möchten, nehmen Sie dazu 350 g extrafeinen Zucker, 450 g weißes Miso, 150 ml Sake und 150 ml Mirin und vermischen alle Zutaten gründlich.

OLYMPIA DUKAKIS

Olympia Dukakis ist eine US-amerikanische Schauspielerin griechischer Abstammung, die für ihre Bühnen-, Film- und TV-Rollen mehrfach ausgezeichnet wurde. Für ihre Leistung in Mondsüchtig erhielt sie einen Oscar als beste Nebendarstellerin. Sie wirkte in mehr als 60 Spielfilmen und auch Kurzfilmen mit, darunter zuletzt in 7 Chinese Brothers, Cloudburst *und* The Infiltrator. *Im Fernsehen war sie zu sehen im* Tales of the City, More Tales of the City, Further Tales of the City, Bored to Death *und* The Last of the Blonde Bombshells. *Als Theaterschauspielerin hat sie sowohl in den USA als auch in London mit dem Einpersonenstück* Rose, *mit* Credible Witness *und mit* The Marriage of Bette and Boo *für Aufmerksamkeit gesorgt. Sie war an über 130 Produktionen kleinerer Broadway-Stücke wie auch in regionalen Theatern beteiligt. Olympia wurde von der Greek America Foundation für ihre Lebenswerk geehrt, außerdem erhielt sie die Ehrenmedaille des National Arts Club sowie unlängst einen Stern auf dem Hollywood Walk of Fame.*

IHRE SCHÖNSTE ERINNERUNG AN GRIECHENLAND?
Meine Lieblingserinnerungen an Griechenland stammen aus den 1960er-Jahren, als ich die Straßen durchstreifte, derweil den vorbeigehenden Menschen lauschte und mit ihnen ins Gespräch kam. Sehr gern denke ich auch an die Aufführungen von Rose in Athen zurück oder daran, wie ich die Heimatdörfer meiner Mutter und meines Vaters besuchte und so etwas über ihre Wurzeln lernte.

Frittierte Kalmare

Καλαμαράκια τηγανιτά · Kalamarakia tiganita

Frittierte Kalmare, ob frisch oder tiefgekühlt, ob im Ganzen verarbeitete Winzlinge oder aber größere Exemplare in Ringe geschnitten, gehören quasi zum Standardangebot jeder griechischen Taverne in Meeresnähe. Manche nobleren Restaurants servieren sie zusammen mit einem Pesto, das sie in eine noch höhere kulinarische Liga befördert.

1

Für das Pesto: Basilikum und Pinienkernen mit dem Salz in einen Standmixer geben und fein hacken – dies dauert nur wenige Sekunden. Bei laufendem Gerät langsam Öl dazugießen bis die Masse eine samtige, fast glatte Konsistenz hat. Zuletzt Knoblauch und Parmesan hinzufügen und kurz untermixen.

2

Bei der Verwendung von frischen Kalmaren diese küchenfertig vorbereiten: Dafür die Fangarme samt Kopf und Eingeweiden aus dem Körperbeutel ziehen. Den Tintenbeutel, den transparenten harten Schulp und die harten Kauwerkzeuge entfernen. Die Kalmare gründlich waschen und trocken tupfen. Tiefgekühlte Kalmare bei Zimmertemperatur auftauen lassen, abspülen und trocken tupfen.

3

Einen großen Topf etwa 5 cm hoch mit Öl füllen und dieses auf 190 °C erhitzen. Die Kalmare mit dem Mehl in eine große Papiertüte oder Beutel füllen und schütteln, bis sie gleichmäßig überzogen sind; aus der Tüte nehmen und überschüssiges Mehl abschütteln. Die Kalmare portionsweise frittieren, bis sie rundum knusprig sind – aber Achtung: zu langes Garen macht das Fleisch zäh. Die Kalmare auf Küchenpapier entfetten und dann heiß servieren. Dazu Zitronenspalten und eine Schüssel mit Pesto reichen.

Zutaten *(Für 4–6 Personen)*

Für das Pesto

* 1 großes Bund frisches Basilikum, dicke Stiele entfernt
* 1 Handvoll Pinienkerne
* 1 kräftige Prise grobes Meersalz
* Natives Olivenöl extra
* 2 Knoblauchzehen, fein gehackt
* 1 Handvoll geriebener Parmesan

* 1 kg kleine Kalmare, frisch oder tiefgefroren und aufgetaut
* Etwa 1 l Olivenöl
* 140 g Mehl
* Zitronenspalten

Spinatpastete mit Blattgemüse

Σπανακόπιτα με χόρτα · Spanakopita me horta

Um Olympia Dukakis' Wurzeln Rechnung zu tragen, haben wir hier ein kretisches Rezept ausgewählt. Es verwendet eine Mischung aus Blattspinat und Wildgemüse, für das die Insel besonders bekannt ist. Falls Sie kein Wildgemüse finden, kombinieren Sie verschiedene Blattgemüse vom Markt wie Chicorée, Löwenzahn, Brokkoli, Endivie, Kohl, das Grün von Roten Beten oder Steckrüben, Mangold oder Rucola. Es geht darum, eine ausgewogene Mischung aus lieblichen und bitteren Komponenten zusammenzustellen – bedenken Sie dabei jedoch, dass bittere Blattgemüse nicht jedem schmecken. Noch ein Wort zum Teig: Ein kräftiger Schuss Rotwein verleiht ihm hier einen volleren Geschmack

1

Den Backofen auf 190 °C vorheizen.

2

Drücken Sie das Wild- oder Blattgemüse mit den Händen gründlich aus, hacken es zusammen mit dem Spinat sehr fein und füllen es in eine große Schüssel. Zwiebel, Frühlingszwiebeln, Petersilie, Minze und Dill untermischen. Das Öl in einer großen Pfanne auf mittlerer Stufe erhitzen. Das Gemüse mit dem Zucker sowie Salz und Pfeffer nach Geschmack dazugeben; alles unter gelegentlichem Rühren braten, bis das Blattgemüse zusammengefallen ist. Die Pfanne vom Herd nehmen. Den Feta (falls verwendet) untermengen – er lockert das Gemüse etwas auf.

3

Für den Teig: Das Mehl in eine Schüssel füllen. In die Mitte eine Mulde drücken; Wein, Öl, Salz und ⅓ des Wassers hineingeben. Mit den Fingern die flüssigen Zutaten mit dem Mehl vermischen. Dann alles mit den Händen gründlich kneten und das restliche Wasser einarbeiten, sodass schließlich ein weicher, gut formbarer Teig entsteht. Den Teig in 2 Portionen – die eine etwas größer als die andere – teilen; zu Kugeln rollen. Die größere Teigportion auf einer leicht bemehlten Arbeitsfläche zu einem Rechteck von etwa 30 x 40 cm ausrollen.

Zutaten *(Für 8–10 Personen)*

* 1 kg gemischtes Wildgemüse, gewaschen und verlesen
* 500 g Blattspinat, gewaschen und verlesen
* 1 Zwiebel, fein gewürfelt
* 1 Bund Frühlingszwiebeln, die weißen und hellgrünen Abschnitte fein gehackt
* 3 EL frische Petersilie, fein gehackt
* 3 EL frische Minze, fein gehackt
* 3 EL frischer Dill oder auch Fenchelgrün, fein gehackt
* 120 ml Olivenöl
* 1 TL Zucker
* Salz und frisch gemahlener schwarzer Pfeffer
* 200 g Feta, zerbröckelt (nach Belieben)

Für den Teig
* 450 g Weizenmehl Type 550
* 120 ml Rotwein
* 4 EL Olivenöl plus mehr für die Form
* ½ TL Salz
* 240 ml warmes Wasser
* Verquirltes Eigelb oder Milch (nach Belieben)

Eine rechteckige Auflaufform (25 x 35 cm) mit Öl ausstreichen und mit dem vorbereiteten Teigblatt auskleiden. Die Gemüsemischung gleichmäßig in der Form verteilen. Die zweite Teigportion zu einem Rechteck entsprechend der Größe der Form ausrollen und über die Füllung breiten; die überhängenden Ränder des unteren Teigblatts nach innen einschlagen und gut andrücken. Den Teigdeckel mit einem scharfen Messer einritzen, um so schon einmal die späteren Portionsstücke zu markieren. Die Pastete nach Belieben mit verquirltem Eigelb oder Milch bestreichen. Im Ofen etwa 1 Std. backen. Leicht abkühlen lassen und dann servieren.

Anstatt den Teig selbst zuzubereiten, können Sie ebenso fertig gekauften Filoteig wie folgt verwenden: Den Teig aus der Packung nehmen und dünn ausrollen. Ein größeres Stück des Teiges auf den Boden der Form legen und mit etwas Öl bestreichen. Die Gemüsemischung in die Form füllen, mit dem restlichen Teig bedecken und dünn mit Öl bestreichen. Die Pastete im Ofen in etwa 1 Std. goldbraun backen.

Auf den Bauernmärkten von Heraklion und Chania kann man gebündeltes zartes Wildgemüse für Pasteten und Eintöpfe fertig kaufen. Die Mischung dieser Bündel variiert je nach Jahreszeit. Enthalten sein können etwa Wildmöhren, Lauch, wilder Fenchel, Mangold, die Sprosse von Haferwurzel, Sauerampfer, Zirmet, Kerbel, Klatschmohnblätter, Wegerich, Löwenzahn und Rauke.

Oktopus mit Zitronensauce

Χταπόδι λεμονάτο · Htapodi lemonato

Dieses Rezept stammt aus Kreta und ist denkbar einfach. Oktopus mit einem Dressing aus Olivenöl und Essig ist überall in Griechenland sehr populär. Hier wird er zur Abwechslung einmal mit Öl und Zitrone gegart.

1

Den Oktopus gründlich abspülen. In einen mittelgroßen beschichteten Topf geben und das Olivenöl hinzufügen.

2

Einen Deckel auflegen und den Oktopus auf kleiner Stufe im eigenen Saft schmoren. Wenn die ausgetretene Flüssigkeit verdampft ist, den Oktopus aus dem Topf nehmen und in mundgerechte Stücke schneiden; falls ein frischer Oktopus verwendet wird, die harten Kauwerkzeuge entfernen, den Kopf säubern und ebenfalls in Stücke schneiden. Die Oktopusstücke zusammen mit dem Saft von 2 oder 3 Zitronen zurück in den Topf geben und im leise köchelnden Fond garen, bis das Fleisch zart ist.

Zutaten *(Für 4–6 Personen)*

* 1 Oktopus (etwa 1,2 kg), frisch oder gefroren und aufgetaut
* 2–3 TL Natives Olivenöl extra
* Saft von 2 oder 3 Bio-Zitronen
* Getrockneter Oregano

3

Mit getrocknetem Oregano bestreuen, auf Raumtemperatur abkühlen lassen und servieren.

PETER MINAKI

Zwei Seelen wohnen in seiner Brust, die eine griechisch und die andere kanadisch. Peter Minaki richtete den viel besuchten Blog Kalofagas – Greek Food and Beyond *ein, um der Welt zu zeigen, welche Köstlichkeiten und Vielfalt die griechische Küche zu bieten hat (*kalofagas *ist übrigens das griechische Wort für „Gourmet"). Seine Posts sind eine ausgewogene Mischung aus traditionellen ebenso wie modern interpretierten Rezepten und dazu eigenen, einzigartigen kulinarischen Kreationen. Daneben schrieb Peter Minaki zwei Kochbücher –* Everything Mediterranean *und* The Big Book of Mediterranean Recipes *–, außerdem unterhält er einen Supper Club und obendrein verfasst er häufig Beiträge für InsideToronto.com sowie für kanadische und internationale Zeitschriften. Jeden Sommer kehrt er zu seinen Wurzeln in Griechenland zurück.*

IHR GRIECHISCHES LIEBLINGSESSEN?
Das wechselt im Lauf der Jahreszeiten. Aber nehmen wir mal griechisches Essen für die Seele: da macht man nie etwas falsch mit *kolokithakia gemista* (gefüllte Zucchini) mit *avgolemono* (Ei-Zitronen-Sauce).

WAS BEDEUTET GRIECHENLAND FÜR SIE?
Durch meine Besuche in Griechenland bleibe ich meinem persönlichen kulturellen Erbe, meiner Familie und meinen Freunden verbunden. Und jedes Mal wird etwas in mir lebendig. Griechenland ist magisch!

IHRE SCHÖNSTE ERINNERUNG AN GRIECHENLAND?
Das morgendliche und nachmittägliche Tässchen Kaffee mit meinem *pappou* (Großvater) in Thessaloniki, als ich in meinen frühen Zwanzigern war.

Langsam geschmorte Lammkeule

Αρνάκι ψητό σε σιγανό φούρνο · Arnaki psito se sigano fourno

1

Den Backofengrill auf höchstmöglicher Temperatur vorheizen.

2

Mit einem kleinen, spitzen Messer die Lammkeule rundum in gleichmäßigen Abständen einstechen, und jeden Einschnitt eine Knoblauchscheibe schieben.

3

Die Lammkeule mit etwas Öl beträufeln und mit Salz, Pfeffer und Paprikapulver würzen. In einen Bräter legen, in den die Keule soeben hineinpasst. In den Ofen schieben und 10 bis 15 Min. kräftig anbräunen, danach die Keule wenden und von der zweiten Seite ebenfalls 10 bis 15 Min. bräunen.

4

Den Bräter aus dem Ofen nehmen; die Temperatur auf 180 °C herunterschalten. Die Zwiebelviertel um den Braten verteilen; Thymian, Rosmarin und Oregano sowie alle übrigen Knoblauchscheiben dazugeben. Den Wein, das Öl, den Zitronensaft und schließlich so viel Wasser in den Bräter gießen, dass die Lammkeule zu einem Drittel in der Flüssigkeit liegt.

5

Den Bräter verschließen und die Lammkeule 2 Std. im Ofen garen, dabei nach 1 Std. mit dem Fond aus dem Bräter beschöpfen. Die Lammkeule wenden; nach Bedarf weiteres Wasser sowie Salz und Pfeffer hinzufügen. Bei geschlossenem Deckel noch etwa 1 Std. schmoren, bis der Braten dunkelbraun ist

Zutaten *(Für 8–10 Personen)*

* 1 Lammkeule oder zwei halbe Lammkeulen (insgesamt 2,7–3,6 kg), gesäubert
* 1 ganze Knoblauchknolle, Zehen vereinzelt und in feine Scheiben geschnitten
* 125 ml natives Olivenöl extra plus mehr zum Beträufeln
* 5 TL Meersalz
* 2 TL frisch gemahlener schwarzer Pfeffer
* 2 TL Paprikapulver edelsüß
* 2 Zwiebeln, geschält und geviertelt
* 10 Zweige frischer Thymian
* 2–3 Zweige frischer Rosmarin
* 2–3 TL getrockneter Oregano
* 2–3 Lorbeerblätter
* 250 ml trockener Weißwein
* Saft von 2 Bio-Zitronen
* 1,8 kg Kartoffeln

und sich das Fleisch vom Knochen löst. Aus dem Ofen nehmen, nochmal mit dem Schmorfond übergießen und ruhen lassen.

6 ——————————

Während die Lammkeule schmort, die Kartoffeln schälen und vierteln. In eine große ofenfeste Form geben, mit etwas Öl beträufeln und nach Geschmack salzen und pfeffern. So viel von dem Schmorfond zu den Kartoffeln gießen, dass sie zu einem Drittel bedeckt sind; gründlich durchmischen und nochmals mit Salz und Pfeffer abschmecken. Die Backofentemperatur auf 230 °C erhöhen. Die Kartoffeln 35 bis 40 Min. garen, bis sie sich mit einer Gabel zerteilen lassen (inzwischen die Lammkeule zugedeckt im Bräter auf dem Herd warm halten). Die Lammkeule zusammen mit den Kartoffeln servieren.

Knusprige Röllchen mit Bougatsacreme

Πούρα από φύλλο με κρέμα μπουγάτσας · Poura apo fyllo me krema bougatsas

Köstlich zu einem griechischen Kaffee oder auch zu einem aufgeschäumten, eiskalten café frappé. Rustikale Filoteigblätter heißen in Griechenland horiatiko. Sie sind ebenfalls ziemlich dünn, aber doch dicker als die Filoteigvariante, die zum Beispiel für baklava verwendet wird. Sie sind in 455-g-Packungen im Handel erhältlich, die jeweils etwa acht Blatt enthalten. Falls Sie horiatiko nicht bekommen, verwenden Sie stattdessen die gängigen, feinen Filoteigblätter.

1

Für die Creme: Die Butter in einem mittelgroßen Topf auf mittlerer Stufe zerlassen. Hartweizenmehl, Zucker und Salz hinzufügen und einige Minuten mit einem Schneebesen rühren, bis das Fett aufgenommen und das Mehl goldgelb, aber noch nicht gebräunt ist.

2

Nach und nach die Milch dazugießen und dabei unablässig weiter rühren, sodass sich schließlich eine glatte Mischung ergibt. Die Creme unter ständigem Rühren 3 bis 4 Min. köcheln lassen, bis sie die Konsistenz eines geschmeidigen Grießbreis angenommen hat. Vom Herd nehmen. Vanilleextrakt und Orangenschale unterziehen. Die Creme mit Frischhaltefolie abdecken (diese behutsam andrücken) und vollständig abkühlen lassen; dabei den Topf nicht mit einem Deckel verschließen.

3

Für die Röllchen: Ein erstes Teigblatt auf einer sauberen Arbeitsfläche ausbreiten. Längs und quer halbieren, sodass sich vier Stücke von 18 x 23 cm ergeben. Das erste Viertel so drehen, dass eine Schmalseite zu Ihnen weist. Gut 1 cm vom unteren Rand des Rechtecks 1 EL der Vanillecreme in einer Linie über die gesamte Länge so

Zutaten *(Ergibt 45–50 Stück)*

Für die Creme
* 170 g Butter
* 140 g feines Hartweizenmehl
* 130 g Zucker
* 1 Prise Salz
* 780 ml Vollmilch
* 1 EL Vanilleextrakt
* Abgeriebene Schale von ½ Bio-Orange

Für die Röllchen
* 12 Blatt (36 x 46 cm) rustikaler Filoteig, raumtemperiert
* 1 EL Maisstärke, mit 120 ml Wasser zu einer flüssigen Paste verrührt
* Öl zum Braten
* Puderzucker
* Gemahlener Zimt

verstreichen, dass an beiden Enden gut 1 cm frei bleibt. Den unteren Teigrand über die Füllung legen, dann die beiden Seitenränder nach innen einschlagen. Das Ganze nach oben hin aufrollen, bis ein noch etwa 2 ½ breiter Teigrand frei ist.

Einen Finger in die Maisstärkepaste tauchen, den noch freien Teigrand damit bestreichen und die Rolle fertig aufrollen. Auf ein mit Pergamentpapier ausgelegtes Backblech geben. Den Rest der Teigblätter und der Vanillecreme zu Rollen verarbeiten, wie zuvor beschrieben. (Übrigens lassen sich die bis hierher vorbereiteten Rollen auch für eine spätere Verwendung einfrieren.)

Eine große Pfanne mit hohem Rand gut 1 cm hoch mit Öl füllen und dieses auf mittlerer

Stufe erhitzen. Die Teigrollen portionsweise von allen Seiten goldbraun braten, anschließend auf einem mit Küchenpapier ausgelegten Backblech entfetten.

Nach 5 Min. servieren (so lange bleibt die Füllung warm) oder aber im Backofen bei niedriger Temperatur warm halten. Vor dem Servieren die Rollen quer halbieren und mit Puderzucker sowie etwas Zimt bestäuben.

Käsekroketten

Κροκέτες με τυρί · Kroketes me tyri

Bei den meisten kommen diese Appetithappen sehr gut an. Außerdem sind sie einfach zuzubereiten.

Käse und Mehl in eine mittelgroße Schüssel füllen. Das Ei dazugeben und alles mit den Händen gründlich vermengen. Aus der Masse Bällchen rollen und in Sesam wälzen, bis sie gleichmäßig überzogen sind.

Eine Pfanne mit hohem Rand gut 1 cm hoch mit Öl füllen und dieses erhitzen. Die Käsebällchen braten, bis sie rundum schön gebräunt sind. Mit einem Schaumlöffel aus der Pfanne heben und auf Küchenpapier entfetten. Warm oder raumtemperiert servieren.

Zutaten *(Ergibt 8–10 Stück)*

* 115 g Feta, zerbröckelt
* 35 g Mehl
* 1 Ei
* Sesamsamen
* Öl zum Braten

RITA WILSON

Das Multitalent wurde in Los Angeles als Tochter einer griechischen Mutter und eines bulgarischen Vaters geboren. Ihren größten Erfolg als Filmproduzentin landete Rita Wilson mit My Big Fat Greek Wedding – Hochzeit auf griechisch, ein absoluter Kassenschlager, der mehr einspielte als jeder andere Independent Film zuvor. Als Schauspielerin feierte sie Erfolge in MASH, Schlaflos in Seattle, Perfume, Wenn Liebe so einfach wäre und vielen anderen Produktionen. Außerdem hatte sie Gastauftritte in TV-Serien wie etwa Law and Order, The Good Wife und Frasier. Sie spielte die Roxie in der Revival-Produktion des Musicals Chicago von 2006 und trat, ebenfalls am Broadway, 2015 in Fish in the Dark auf. Im März 2016 brachte sie ihr zweites Studioalbum heraus; es trägt ihren Namen und präsentiert eine Reihe von Originalsongs, an denen sie auch als Co-Autorin beteiligt war. Rita engagiert sich für wohltätige Zwecke und unterstützt die Krebsforschung sowie Projekte für Kinder. Sie ist mit dem Schauspieler Tom Hanks verheiratet und hat mit ihm zwei gemeinsame Kinder.

IHR GRIECHISCHES LIEBLINGSESSEN?

Die *vassilopita*, die meine Mutter zu Neujahr backte. Als Kinder saßen wir ungeduldig am Tisch und halfen ihr dabei, den Kuchenteig mit Butter zu bestreichen, während wir genau beobachteten an welcher Stelle sie den glänzenden Vierteldollar in den Teig drückte. Ich liebe auch Kalamata-Oliven und außerdem herrlich cremigen, hausgemachten griechischen Joghurt, beträufelt mit griechischem Honig – das ist mein Standardfrühstück.

WAS BEDEUTET GRIECHENLAND FÜR SIE?

Griechenland bedeutet für mich Glücklichsein, eine Verbindung zu den Wurzeln meiner Mutter, das Freiheitsgefühl, das man am Meer spürt und auf das ich in der kalten Winterzeit zurückgreifen kann, wenn ich mich nach einem warmen Sommertag sehne. Die Menschen sind so herzlich und aufrichtig. Griechen lieben ihr Land und ihr kulturelles Erbe. Wenn ich nach Griechenland zurückkomme, ist es, als würde ich einen alten Freund wiedertreffen, den ich liebe. Wir machen genau dort weiter, wo wir das letzte Mal aufgehört haben. Es ist, als wäre ich nie weg gewesen.

IHRE SCHÖNSTE ERINNERUNG AN GRIECHENLAND?

Als ich 16 war, reisten meine Eltern das erste Mal mit mir nach Griechenland. Wir wohnten in Glyfada (ein an der Küste gelegener Vorort von Athen). Jeden Tag besuchte ich dort den Astir-Strand. In Vouliagmeni lernte ich Wasserskifahren. Abends gingen wir ins Nine Muses zum Tanzen, und bis heute weckt der Duft einer Gardenie in mir unmittelbar Erinnerungen an die Blumen, die ein Verehrer in dem Club kaufen konnten. Jener Sommer, der Ort und die Zeit haben sich in mein Gedächtnis eingebrannt als Sinnbild für die Liebe zum Leben, die den Griechen eigen ist.

Griechischer Neujahrskuchen

Βασιλόπιτα · Vassilopita

Das Aufschneiden dieses Kuchens, in den eine Münze oder ein Glücksbringer eingebacken wurde, geht nach einem festgelegten Ritual vor sich. Das Familienoberhaupt schlägt dreimal mit dem Messer ein Kreuz über dem Kuchen, dann viertelt er ihn und beginnt, die Viertel in Scheiben zu schneiden. Die erste Scheibe ist für das Jesuskind, die zweite für den Heiligen Basilius (Ai Vassilis) – er bringt den Kindern in Griechenland die Geschenke –, die dritte Scheibe ist für die Armen und die vierte für alle abwesenden Verwandten. Erst danach schneidet er weitere Stücke, für sich selbst und für die anderen Familienmitglieder, wobei die ältesten zuerst an die Reihe kommen. Man muss aber nicht bis zu den Feiertagen warten, um diesen Kuchen zu genießen.

1

Den Backofen auf 190 °C vorheizen. Eine Springform (Ø 23 cm) einfetten und beiseitestellen.

2

Mehl und Natron in eine Schüssel sieben. In der Schüssel der Küchenmaschine die Butter cremig rühren. Nach und nach den Zucker hinzufügen und dabei auf hoher Stufe rühren, bis sich eine hellschaumige Mischung ergibt. Die Eier nacheinander jeweils gründlich unterschlagen. Die gemahlenen Mandeln sowie den Zitronenabrieb und -saft einrühren. Zuletzt abwechselnd die Mehlmischung und die Milch in kleinen Portionen untermengen. Dann nach und nach den Weinbrand unterziehen.

3

Den Teig in die vorbereitete Form füllen. Den Kuchen im vorgeheizten Ofen 40 bis 60 Min. backen – er ist gar, wenn an einem in die Mitte eingestochenen scharfen Messer keine Teigreste mehr kleben. Auskühlen lassen, aus der Form lösen und auf eine Kuchenplatte setzen. Mit Puderzucker bestäuben und servieren.

Zutaten *(Serves 8 to 12)*

* 420 g Mehl
* 1 TL Natron
* 225 g Butter
* 400 g Zucker
* 4 Eier, raumtemperiert
* 150 g blanchierte Mandeln, fein gemahlen
* Abgeriebene Schale von 1 Bio-Zitrone plus 1 EL Zitronensaft
* 240 ml Milch, bis kurz vor dem Siedepunkt erhitzt und leicht abgekühlt
* 120 ml Weinbrand
* Puderzucker zum Bestäuben

ROBERT McCABE

Robert McCabe wurde 1934 in Chicago geboren und wuchs im Umfeld von New York auf. Bereits mit fünf Jahren entdeckte er seine Leidenschaft für die Fotografie, nachdem er eine Kodak Baby Brownie geschenkt bekommen hatte. Als junger Student in Princeton unternahm er 1954 eine Reise nach Frankreich, Italien und Griechenland und machte dabei seine ersten Aufnahmen in diesen Ländern. 1955 und 1957 kehrte er erneut nach Griechenland zurück, um die Ägäis zu bereisen. Sein damaliges Fotoequipment bestand aus einer Rolleiflex und Plus-X-Filmen.

Erstmals öffentlich zu sehen waren seine Schwarz-Weiß-Aufnahmen 1954 und 1955 in Princeton. Im Jahr 1967 wurde eine Auswahl seiner Fotos in New York unter der Schirmherrschaft von Spyros Skouras gezeigt. Sein erstes Buch Metamorphosis *erschien 1979.*

In den vergangenen Jahren sah man seine Bilder nicht nur in den USA (Wyoming und New York), sondern auch in London und Paris sowie in Galerien in ganz Griechenland. Sein in den USA und Griechenland veröffentlichtes Buch Greece: Images of an Enchanted Land 1954–1965 *ist ein Verkaufsschlager und liegt aktuell in der vierten Auflage vor. Robert McCabes Griechenlandfotos wurden auch in zahlreichen Büchern anderer Autoren abgedruckt.*

Neben seinen Arbeiten zu Griechenland hat McCabe Bücher über Havanna, Europa und Nordamerika publiziert. Nicht zu vergessen Deep Freeze! A Photographer's Antarctic Odyssey in the Year 1959, *das 2010 zur Erinnerung an das 100-jährigen Jubiläum der Erreichung des Südpols herausgegeben wurde. Und 2011 wurde* The Ramble in Central Park: A Wilderness West of Fifth *von Foreword Reviews als Buch des Jahres in der Kategorie „Natur" ausgezeichnet.*

Derzeit sind verschiedene Ausstellungen in Planung zu Themen wie „Ägäisches Inselleben in den 1950er-Jahren", „Die Griechen und ihr Meer", „Ansichten von Ruinen im Stil der 1950er-Jahre", „Porträts der Griechen" oder auch „Traditionelle Boote der Ägäis". 2014 beziehungsweise 2016 erschienen die griechische und die englische Ausgabe von Mycenae.

IHR GRIECHISCHES LIEBLINGSESSEN?

Auf Limnos getrocknete Feigen à la Olga, wie sie unser Freund AVL serviert. *Horiatiki*-Salat mit alten Tomatensorten vom Peloponnes, dazu Kapern und extra Oregano. *Fava* aus Gelben Schälerbsen von Santorin mit Olivenöl und Zwiebeln.

WAS BEDEUTET GRIECHENLAND FÜR SIE?

Vor über 60 Jahren kam ich erstmals für einen zehn-tägigen Besuch nach Griechenland. Aus Gründen, die ich bis heute nicht verstehe, fühlte ich mich in den Straßen Athens, auf den Inseln und in den Bergdörfern sogleich zu Hause. Aus zehn Tagen wurden 60 Jahre. Die Veränderungen, die ich dabei beobachtet habe, sind riesig. Es macht mich traurig mit anzusehen, wie die jeweils besonderen Kulturen der Inseln nach und nach verschwinden. Aber das ist eine ganz lange Geschichte.

IHRE SCHÖNSTE ERINNERUNG AN GRIECHENLAND?

Ich habe herrliche Erinnerungen an den Frühling auf den griechischen Inseln, mit milden Temperaturen, Wildblumen und einem hinreißend sanften Meer. Aber das kann man auch heute noch erleben. Anstatt also früheren Erinnerungen nachzuhängen, sollte man sich besser die Zeit für einen Aufenthalt am griechischen Meer nehmen, bevor die Touristen ankommen. Es ist einfach nur schlimm, dass auf vielen Inseln die alten Fußwege zerstört wurden. Patmos hatte einst den schönsten der Welt: ein Steinpfad, der an einem Steilhang hoch über einer grandiosen Küstenlandschaft von Kampos zum Strand Livadi tou Yeranou führte. Jahrtausendelang muss er als Hauptverbindung zum Nordende der Insel gedient haben. Vor einigen Jahren dann haben Bulldozer innerhalb eines Tages drei Jahrtausende altehrwürdiger Schönheit einfach plattgemacht.

Gelbes Schälerbsenpüree mit Beigaben

Φάβα παντρεμένη · Fava pandremeni

Während in Italien „fava" die Bezeichnung für die Dicke Bohne ist, versteht man in Griechenland unter fava ein Püree von der Platterbsenart Lathyrus clymenum. Sie ist mit den Wicken verwandt und auf der Vulkaninsel Santorin heimisch. Obwohl diese Gelben Schälerbsen auch in anderen Gegenden Griechenlands angebaut werden, gewinnen sie auf Santorin dank des trockenen Klimas und des mineralstoffreichen Bodens einen unvergleichlich aromatischen Geschmack. Dieser hat zwar seinen Preis – bis zu dreimal so hoch wie der von Konkurrenzprodukten –, aber er ist jeden Cent auch zweifellos wert. So ziemlich jede Taverne hat fava in ihrem Vorspeisenangebot; gewöhnlich bekommt man das Püree dann, bestreut mit rohen Zwiebeln, beträufelt mit Olivenöl und mit Zitronenspalten als Beigabe. Für eine etwas elegantere Version servieren Sie es doch stattdessen mit karamellisierten Zwiebeln, Kapernäpfeln und gehackten sonnengetrockneten Tomaten. Natürlich darf frisch gebackenes Brot dazu nicht fehlen.

1

Die Erbsen mit dem Wasser in einen großen Topf füllen und Salz und Pfeffer nach Geschmack hinzufügen. Einmal aufkochen und dann bei verminderter Temperatur etwa 10 Min. köcheln lassen, dabei zwischendrin nach Bedarf den Schaum abschöpfen. Die ganze Zwiebel dazugeben und alles weiter köcheln lassen, bis die Erbsen nach 40 bis 50 Min. ganz weich sind und leicht zerfallen. Dabei gelegentlich rühren, damit die Erbsen nicht ansetzen, und nach Bedarf etwas Wasser dazugießen.

2

Während die Erbsen garen, in einer großen Pfanne etwas Öl auf mittlerer bis kleiner Stufe erhitzen. Die Zwiebelspalten darin unter gelegentlichem Rühren sanft braten, bis sie goldbraun und karamellisiert sind. Auf Küchenpapier entfetten, danach in eine Schüssel füllen. Kapernäpfel und sonnengetrocknete Tomaten in separate Schüsseln füllen.

Zutaten

(Für 4–6 Personen als Vorspeise)

* 225 g halbe Gelbe Schälerbsen (vorzugsweise von Santorin), verlesen und abgespült
* 1,4 l kaltes Wasser
* Salz und frisch gemahlener schwarzer Pfeffer
* 1 Zwiebel, unzerteilt, plus 2 Zwiebeln, in schmale Spalten geschnitten
* 5 EL natives Olivenöl extra plus mehr zum Braten
* 3 EL Saft von einer Bio-Zitrone
* Kapernäpfel
* Sonnengetrocknete Tomaten, gehackt

3

Die ganze Zwiebel aus den Erbsen entfernen und wegwerfen. Den Zitronensaft und 5 EL Öl in den Topf geben, außerdem mehr Salz und Pfeffer nach Geschmack hinzufügen. Alles mit einem Holzlöffel energisch verrühren, bis sich ein Püree ergibt. (Für ein besonders feines Püree können Sie auch einen Mixer oder Pürierstab einsetzen.) Das Püree in eine Schüssel füllen. Mit den Zwiebeln, Kapern und getrockneten Tomaten als Beigaben servieren.

SOFKA ZINOVIEFF

Die Autorin und Journalistin hat sich umfassend mit Griechenland beschäftigt. Sie wurde in London geboren, ihre Großeltern väterlicherseits waren vor der russischen Revolution geflohen. Nach ihrem Studium der Ethnologie in Cambridge war Sofka das erste Mal in den späten Achtzigerjahren für längere Zeit in Griechenland, der Anlass waren seinerzeit Recherchen für ihre Doktorarbeit. Zusammen mit ihrem griechischen Ehemann lebte sie in Moskau, London und Rom, bevor die beiden sich 2001 mit ihren zwei Töchtern in Athen niederließen. Zu Sofkas bisher veröffentlichten Büchern gehören Eurydice Street: A Place in Athens, *in dem die Schriftstellerin der Frage nachgeht, was es bedeutet, Grieche zu sein;* Red Princess: A Revolutionary Life *(auf Deutsch* Die rote Prinzessin: Ein revolutionäres Leben*), eine Biografie über ihre exzentrische, kommunistisch angehauchte Großmutter;* The House on Paradise Street *(auf Deutsch* Athen, Paradiesstraße*), ein Roman über eine Familie im heutigen Athen und deren bewegte Geschichte während des griechischen Bürgerkriegs und als bisher jüngstes Werk,* The Mad Boy, Lord Berners, My Grandmother and Me, *das über schillernde Persönlichkeiten in Zinovieffs Familie erzählt.*

IHR GRIECHISCHES LIEBLINGSESSEN?

„Verheiratete Sardinen", die aufgeklappt und paarweise zu „Sandwiches" zusammengelegt sind, dabei mit einer würzigen Kräuter-Knoblauch-Mischung gefüllt und schließlich gegrillt werden. Griechenland überrascht mit einer erstaunlichen Vielfalt an Zubereitungen. Dabei haben aber die rohen Zutaten oft schon einen so wunderbaren Geschmack, dass die ganz einfachen Gerichte mitunter die besten sind. Fangfrischer Fisch etwa, ein bunter Salat aus dem, was die Saison gerade hergibt, angereichert mit Kräutern und Oliven sowie allerbestem Olivenöl, und dazu ofenfrisches Brot – das ist eigentlich kaum zu überbieten.

WAS BEDEUTET GRIECHENLAND FÜR SIE?

Es ist das Land, das ich als Studentin lieben lernte und das später zu meinem Zuhause wurde, in dem ich meine Kinder großgezogen, über das ich in meinem Büchern geschrieben habe und wo ich mich am allerglücklichsten fühle.

IHRE SCHÖNSTE ERINNERUNG AN GRIECHENLAND?

Ankunft mit dem Boot auf meiner Lieblingsinsel um drei Uhr morgens. Ich laufe die dunkle Küstenstraße entlang, die nach einer lauen griechischen Sommernacht riecht – nach Pinien, Jasmin, Feigenblättern und dem Meer. Mit jeder Rückkehr an den Ort wird mir diese Erinnerung wertvoller, da sich jedes Mal wieder andere kleine Genussmomente neu hinzugesellen.

Auberginen-„Schühchen" mit Gemüsefüllung

Παπουτσάκια · Papoutsakia

Unter allen griechischen Gemüsesorten haben Auberginen bei mir eine Favoritenrolle sicher, zumal man sie auf zahlreiche verschiedene Arten zubereiten kann. Diese „Schühchen" sehen genauso aus, wie sie heißen, denn die Auberginen werden längs halbiert, gefüllt und dann mit Béchamelsauce überzogen.

1

Für die Béchamelsauce: die Butter in einem mittelgroßen Topf auf mittlerer Stufe zerlassen. Das Mehl zufügen und unter ständigem Rühren 1 bis 2 Min. anschwitzen. Den Topf vom Herd nehmen. Langsam die warme Milch hineingießen und dabei ständig mit einem Schneebesen rühren. Den Topf wieder aufsetzen. Den Inhalt köcheln lassen und dabei unablässig weiter rühren, sodass schließlich eine sämige, glatte Sauce entsteht. Mit Salz und Pfeffer abschmecken.

2

Den Backofen auf 180 °C vorheizen.

3

Mit einem scharfkantigen Löffel das Fruchtfleisch so aus den Auberginenhälften lösen, dass die Schalen nicht verletzt werden. Das Fruchtfleisch hacken. In einer großen Pfanne das Öl erhitzen und die Zwiebeln darin weich schwitzen. Gehacktes Fruchtfleisch, Staudensellerie und Knoblauch sowie Paprikapulver, Salz und Pfeffer nach Geschmack hinzufügen; gut durchmischen. Die Tomaten dazugeben und das Ganze 15 Min. köcheln lassen. Topf vom Herd nehmen. Feta und Petersilie unterziehen.

4

Die Füllung in den ausgehöhlten Auberginenschalen verteilen. Diese nebeneinander in eine ofenfeste Form geben und jeweils dünn mit Béchamelsauce überziehen. Die Auberginen-„Schühchen" in etwa 30 Min. goldbraun überbacken. Heiß servieren.

Zutaten *(Für 4 Personen)*

Für die Béchamelsauce
* 4 EL Butter
* 60 g Mehl
* 600 ml Milch, erwärmt
* Salz und frisch gemahlener schwarzer Pfeffer

* 4 mittelgroße Auberginen, längs halbiert
* 4 EL Olivenöl
* 4 Zwiebeln, fein gewürfelt
* 3 Stangen Staudensellerie, gehackt
* 6 Knoblauchzehen, gehackt
* Paprikapulver
* Salz und frisch gemahlener schwarzer Pfeffer
* 5 Tomaten, gehackt
* 250 g Feta, zerbröckelt
* Frische Petersilie, gehackt

i

Wer auf Fleisch nicht verzichten möchte, könnte zusammen mit den Zwiebeln 250 g Hackfleisch vom Rind oder Lamm anbraten. Für eine leichtere Version die Béchamelsauce weglassen, dafür die gefüllten Auberginen mit geriebenem Hartkäse wie kefalotyri *oder* graviera *(ersatzweise Gruyère) und anschließend mit Semmelbröseln bestreuen.*

„Verheiratete Sardinen"

Σαρδέλες παντρεμένες · Sardeles pandremenes

*Paarweise zusammengefügte Filets von frischen Sardinen,
und zwischen ihnen eine herzhafte Kräuter-Knoblauch-Füllung.*

1

Zunächst einen Gas- oder Holzkohlengrill vorheizen.

2

Für die Sardinen und ihre Füllung: Petersilie und Knoblauch vermengen; Öl, Zitronensaft, Oregano und Salz nach Geschmack untermischen. Die Hälfte der aufgeklappten Sardinen mit der Hautseite nach unten auf eine Platte legen. Beide Hälften jeweils mit 1 TL der Füllung bestreichen. Über jede dieser Sardinen eine weitere aufgeklappte Sardine – diesmal mit der Hautseite nach oben – so legen, dass die Füllung vollständig umschlossen ist. Die nun „verheirateten" Sardinen auf der Oberseite mit etwas Öl beträufeln. Auf den Grill legen und von beiden Seiten 5 bis 7 Min., je nach Größe der Fische, garen.

3

Für die Salsa: Tomaten, Zwiebel, Kapern, Koriandergrün (falls verwendet) und Chilischote in einer Schüssel vermischen. Etwas Öl dazuträufeln, nach Geschmack salzen und pfeffern und alles gründlich vermischen. Fertig!

4

Die gefüllten Sardinen strahlenförmig auf einer runden Platte arrangieren und die Salsa in die Mitte häufen. Servieren.

Zutaten *(Für 4–6 Personen als Vorspeise)*

Für die Sardinen und ihre Füllung

* 200 g frische Petersilie, gehackt
* 4 Knoblauchzehen, fein gehackt
* 4 EL natives Olivenöl extra plus mehr zum Beträufeln
* Saft von 1 Bio-Zitrone
* 1 TL getrockneter Oregano
* Salz
* 24 frische Sardinen, küchenfertig vorbereitet und wie ein Buch aufgeklappt

Für die Salsa

* 2 Tomaten, enthäutet und fein gewürfelt
* 1 Zwiebel, fein gewürfelt
* 35 g Kapern
* 1 Handvoll frisches Koriandergrün, gehackt (nach Belieben)
* 1 Jalapeño-Chilischote, entstielt, Kerne entfernt, fein gehackt
* Natives Olivenöl extra
* Salz und frisch gemahlener schwarzer Pfeffer

i

Alternativ die Sardinen unter dem Backofengrill garen oder im sehr heißen Backofen etwa 15 Min. braten.

Pavlos' geheimer Kichererbsentopf

Η μυστική ρεβιθάδα του Παύλου · I mystiki revithada tou Pavlou

Ungefähr zehn Jahre lang musste ich diese deliziösen Kichererbsen in der Taverne Flisvos auf Patmos wieder und wieder bestellen, bis man mich endlich in die Geheimnisse des so wundervoll aromatischen Gerichts einweihte, an dem Rosmarin, Weißwein und reichlich Zwiebeln beteiligt sind.

1

Die Kichererbsen in einem großen Topf mit frischem Wasser großzügig bedecken, 2 Zwiebeln schälen und ganz dazugeben. Das Ganze aufkochen lassen, den Schaum abschöpfen und danach auf mittlerer Stufe 45 Min. köcheln lassen. Die Kichererbsen in einem Sieb abgießen, dabei das Kochwasser und die Zwiebeln auffangen.

2

Während die Kichererbsen garen, die 2 übrigen Zwiebeln fein würfeln. Das Öl in einer großen Pfanne auf mittlerer Stufe erhitzen und die gehackten Zwiebeln darin glasig schwitzen.

3

Den Backofen auf 170 °C vorheizen.

4

Ein Drittel der Kichererbsen zusammen mit den 2 ganzen Zwiebeln sowie etwas Kochwasser pürieren. Zunächst das Püree, dann die übrigen Kichererbsen, die angeschwitzten Zwiebeln mitsamt ihrem Öl, den Wein und den Rosmarin sowie Salz und Pfeffer nach Geschmack in einen hitzebeständigen Tontopf oder einen anderen ofenfesten Topf mit schwerem Boden füllen. Für mindestens 2 Std. oder sogar für länger in den heißen Backofen schieben. Nach Bedarf während des Garens noch etwas von dem aufgefangenen Kochwasser dazugießen. Es bildet sich eine schöne Kruste, die den herzhaften Eintopf noch köstlicher macht.

Zutaten *(Für 8–10 Personen)*

* 500 g getrocknete Kichererbsen, über Nacht eingeweicht, anschließend gut abgetropft
* 4 Zwiebeln
* 4 EL natives Olivenöl extra
* 250 ml Weißwein
* 2 EL frischer Rosmarin, fein gehackt
* Salz und frisch gemahlener schwarzer Pfeffer

SOPHIA VARI

Sophia Vari ist eine griechische Künstlerin, die in Monaco lebt und arbeitet. In Athen als Kind eines griechischen Vaters und einer ungarischen Mutter geboren, verbrachte sie einen Teil ihrer Kindheit in der Schweiz, studierte später in England und Frankreich und pendelt heute zwischen New York, Monaco und der Toskana. Kunstinteressierte konnten ihre viel beachteten Bilder und Skulpturen bereits in Paris, Athen, Florenz, Baden-Baden, New York und Caracas ansehen. Ihr Schaffen ist stark beeinflusst durch die Kultur der Maya, der alten Ägypter und der Olmeken, die kykladischen Traditionen sowie die Ästhetik des Barock und der Antike. Sie ist verheiratet mit dem bekannten kolumbianischen Maler Fernando Botero.

IHR GRIECHISCHES LIEBLINGSESSEN?

Das sind auf jeden Fall *tiropites* (Käsetaschen). Man kann sie zu jeder Tageszeit genießen, und man findet sie auch überall. Aber ebenso liebe ich *dolmades*, gefüllt mit Reis und am besten bereitet mit frischen Weinblättern, die man selbst gepflückt hat.

WAS BEDEUTET GRIECHENLAND FÜR SIE?

Es ist dein Land, du hast es im Blut, spürst es in deiner Seele, auf deiner Zunge ... Es ist deine große Liebe, denn es ist rein und unverfälscht. Und ganz gleich, wo du sonst weilst, wie schön, aufregend und erstaunlich dieser andere Ort auch sein mag, wird er doch nie an dein Land heranreichen, vor allem, wenn dieses Griechenland heißt.

IHRE SCHÖNSTE ERINNERUNG AN GRIECHENLAND?

Meine schönste Erinnerung an Griechenland ist der Duft des Jasmins.

Kretische Käsetaschen

Καλιτσούνια · Kalitsounia

*Von einem Ende Kretas bis zum anderen begegnet man der Füllung dieser Käsetaschen.
Die Kombination aus Käse und Minze scheint den Geschmack der Kreter voll zu treffen – und natürlich tut
das frische Minzaroma dem milden Käse als Ergänzung außerordentlich gut. Falls Sie es lieber pikant mögen,
machen Sie es wie einst die jüdischen Bewohner von Chania: Mischen Sie anstelle der Minze
1 oder 2 fein gehackte Chilischoten unter den Käse. Übrigens lässt sich der Teig gut einfrieren.*

1

Das Mehl auf eine saubere Arbeitsfläche geben. In die Mitte eine Mulde drücken und Salz und Öl hineinfüllen. Nach und nach das Wasser dazugießen und mit den Fingerspitzen einarbeiten, bis sich ein halbwegs geschmeidiger Teig ergibt. Diesen nun mit den Handballen kneten, dabei immer wieder zusammenschlagen und drehen, bis er nach etwa 5 Min. glatt und gut formbar ist. Mit Frischhaltefolie abdecken und an einem kühlen Platz mindestens 30 Min. ruhen lassen. (Im Kühlschrank hält sich der vorbereitete Teig bis zu 3 Tage.)

2

Den Käse auf mehreren Lagen Küchenpapier abtropfen lassen. Zusammen mit der Minze in eine Schüssel füllen und die Zutaten mit einer Gabel zerdrücken, bis sich eine glatte, gleichmäßige Mischung ergibt.

3

Den Teig in zwei oder drei gleich große Portionen teilen und diese zu Kugeln rollen. Auf einer leicht bemehlten Arbeitsfläche die erste Kugel 1 cm dick ausrollen. Mit einer Teetasse oder einem runden Plätzchenausstecher Kreise ausstechen. In die Mitte jeweils 1 TL der Füllung geben. Die Kreise zu Halbmonden zusammenfalten und

Zutaten *(Ergibt etwa 24 Stück)*

* 350 g Weizenmehl Type 550
* ½ TL Salz
* 3 EL Olivenöl
* Etwa 180 ml warmes Wasser
* 225 g *myzithra* (unpasteurisierter Weichkäse) oder eine Kombination aus Frischkäse und Ricotta
* 1 ½ EL frische Minze, gehackt
* Leichtes Pflanzenöl zum Frittieren

die Ränder sorgfältig zusammendrücken (besonders gut werden sie versiegelt, wenn Sie sie zuvor mit etwas Wasser bestreichen). Auf diese Weise den gesamten Teig und die Füllmasse verarbeiten.

4

Einen großen Topf 10 bis 12 cm hoch mit Öl füllen und dieses auf 190 °C erhitzen. Die Käsetaschen portionsweise hineingeben und von beiden Seiten goldgelb bis goldbraun frittieren. Auf Küchenpapier entfetten und servieren.

Gefüllte Weinblätter mit Reis & Kräutern

Ντολμαδάκια γιαλαντζί με ρύζι · Dolmadakia yialantzi me rizi

Ursprünglich wurden diese Alltime-Klassiker als Fastenspeise und daher ohne Fleisch zubereitet. Tatsächlich bedeutet der hier im Rezeptnamen enthaltene Zusatz yialantzi, *der aus dem Türkischen stammt, „falsch" oder „gefälscht". Trotzdem sind diese* dolmadakia *(übrigens auch aus dem Türkischen abgeleitet, von* doldurmak = füllen) *ein echter Genuss – und zwar ganz gleich, ob heiß oder kalt serviert.*

1

In einem weiten Topf mit schwerem Boden 5 EL Öl auf mittlerer Stufe erhitzen, die Pinienkerne darin leicht bräunen. Frühlingszwiebeln und weiße Zwiebel zufügen und unter häufigem Rühren glasig schwitzen. Den Reis untermischen und 2 bis 3 Min. rühren, bis er glasig schimmert. Das heiße Wasser dazugießen, Salz und Pfeffer nach Geschmack hinzufügen. Den Reis auf kleiner Stufe köcheln lassen, bis er die gesamte Flüssigkeit aufgenommen hat. In eine Schüssel umfüllen. Die gehackten Kräuter unterziehen und den Reis abkühlen lassen.

2

In einem großen Topf reichlich Wasser zum Kochen bringen. Die Weinblätter darin 5 Min. garen, bis sie weich werden. In kaltem Wasser abschrecken und dann in einem Sieb abtropfen lassen (die Weinblätter in Lake einfach abtropfen lassen). Den Boden des zuvor schon verwendeten Topfes mit einigen Weinblättern bedecken (verwenden Sie dazu etwaige zerrissene Exemplare).

3

Von den übrigen Weinblättern jeweils einige so auf die Arbeitsfläche legen, dass die geäderte Seite nach oben und das Stielende zur Vorderkante der Arbeitsfläche weist. Auf jedes Blatt am unteren Ende 1 Löffel der Reismischung geben; die seitlichen Ränder darüberschlagen und das Ganze zur Blattspitze hin aufrollen. Auf diese Weise fortfahren, bis die Füllung aufgebraucht und damit der Großteil der Weinblätter gefüllt ist.

Zutaten *(Für 6 Personen)*

* 8 EL Olivenöl
* 2 EL Pinienkerne, fein gehackt
* 200 g Frühlingszwiebeln, nur das Weiße fein gehackt
* 1 weiße Zwiebel, fein gewürfelt
* 200 g Langkornreis, abgespült
* 240 ml Wasser (oder Gemüsebrühe) erhitzt, plus mehr zum Garen der *dolmadakia*
* Salz und frisch gemahlener schwarzer Pfeffer
* ½ Bund frischer Dill, fein gehackt
* ½ Bund frische Minze, fein gehackt
* ¼ Bund frische Petersilie, fein gehackt
* 400–450 g Weinblätter in Salzlake (Glas oder Packung) oder 35 frische Weinblätter
* Saft von 1 großen Bio-Zitrone, plus Zitronenscheiben zum Servieren
* Griechischer Joghurt

Die *dolmadakia* behutsam mit der Nahtseite nach unten in den Topf legen – dicht an dicht, damit sie nicht auseinanderfallen. Den Zitronensaft, 3 EL Öl und Salz nach Geschmack hinzufügen. So viel Wasser oder Brühe dazugießen, dass die Päckchen bedeckt sind. Zuletzt alle noch übrigen Weinblätter darüberbreiten und mit einem Teller, der möglichst perfekt in den Topf passen sollte, beschweren (er verhindert, dass sich die Päckchen während des Garens bewegen und öffnen). Auf kleiner Stufe etwa 45 Min. garen, dabei nach Bedarf etwas mehr Flüssigkeit hinzugießen. Die *dolmadakia* heiß oder kalt mit Zitronenscheiben und dickem griechischem Joghurt servieren.

Falls Sie die dolmadakia *kalt servieren wollen, lassen Sie diese in der Garflüssigkeit auskühlen und entfernen Sie nicht den Teller. So bewahren sie ihre schöne grüne Farbe.*

PRINZESSIN TATIANA VON GRIECHENLAND

Prinzessin Tatiana erblickte in Caracas, Venezuela, als Tatiana Blatnik das Licht der Welt. Nach dem Besuch des Aiglon College in der Schweiz studierte sie Soziologie an der Georgetown University und machte 2003 ihren Bachelor-Abschluss. 2006 trat sie als PR-Beraterin und Event-Organisatorin in das Modeunternehmen von Diane von Fürstenberg ein.

Im Jahr 2010 heiratete sie auf der griechischen Insel Spetses Prinz Nikolaos. Seither und insbesondere seit ihrem Umzug nach Athen 2013 widmet sich Tatiana im Rahmen ihrer karitativen und unternehmerischen Tätigkeiten aktiv dem Thema „natürliche und gesunde Lebensweise", das für sie eine große Bedeutung hat. Sie wurde Mitbegründerin von Elpida Youth, einer Initiative, die auf die Situation krebskranker Kinder aufmerksam machen und sich für ihr psychisches Wohlbefinden einsetzt. Zudem hat sich Tatiana mit der in Athen ansässigen Hilfsorganisation Boroume zusammengetan.

Unlängst war Tatiana an der Gründung von TRIA mitbeteiligt. Das Unternehmen arbeitet mit einheimischen Kunsthandwerkern und Kreativen zusammen, die einzigartige Produkte von hoher Handwerkskunst produzieren. So wird nicht nur das kulturelle Erbe Griechenlands nicht vergessen, sondern auch Raum für neue Talente geschaffen.

Tatiana hat auch schon in der Vergangenheit mit zahlreichen Hilfsorganisation zusammengearbeitet. Unter anderem gehören dazu: das Rote Kreuz (2011 fungierte sie als Botschafterin), Vital Voices (unterstützt aufstrebende weibliche Führungskräfte in aller Welt) sowie die JuanFe Foundation, die sich für die Verbesserung der Lebensqualität von armen Kindern und Teenagermüttern in Cartagena in Kolumbien einsetzt. Sie sitzt im Vorstand der Walkabout Foundation und ist „Young Patron" des Museums für kykladische Kunst in Athen.

IHR GRIECHISCHES LIEBLINGSESSEN?

Das ist nun wirklich schwierig für mich zu sagen, womit soll ich anfangen? Ich liebe den Geschmack der ganz einfachen, unverfälschten Zutaten: die Gurken sind süß, die Walnüsse sind kein bisschen bitter und samtig im Mund, Olivenöl ist mein flüssiges Gold, das ich über fast alles träufle, und sein Geschmack und sein gesundheitlicher Wert übertrumpfen alles, was ich bisher probiert habe, Oregano setzt jedem Salat die Krone auf, die Vorfreude auf die Kombination aus Tahin, Honig und Zimt und dazu die unglaublich knackigen, saftigen Äpfel aus der Gegend um Volos in Zentralgriechenland lässt mich morgens leichtfüßig aus dem Bett springen. Ich liebe frisches Obst und Gemüse und auch über Holzkohle gegrillten Fisch. Aber ich muss gestehen, dass meine größte Schwäche Gerichte sind, an denen griechischer Käse in all seiner Vielfalt beteiligt ist. Die Liste ist endlos, doch bisher gibt es für mich nichts Besseres als eine Portion heißen *saganaki* (gebratener, geschmolzener Käse) oder einen kretischen *dakos*-Salat, eine köstliche Komposition aus *paximadi* (Roggenzwieback) und darauf gehackten Tomaten, zerbröckeltem Feta, Oregano und, selbstverständlich, Olivenöl. (Ein kleines Detail am Rande: Nach traditionellem Rezept wird der Zwieback in Meerwasser eingeweicht, wodurch er gleich eine schöne Würze bekommt, erst danach kommen die übrigen Zutaten dazu.) Nicht zuletzt muss ich hier gegrillten Halloumi (ein eher fester Käse, der ursprünglich aus Zypern stammt) nennen. Ich verwende ihn in meinem „Paxos-Salat", den ich nach der idyllischen Insel benannt habe, auf der ich ihn das erste Mal gegessen habe.

WAS BEDEUTET GRIECHENLAND FÜR SIE?

Ganz einfach: Griechenland ist ein Land, das ich liebe und zu meinem Zuhause wurde. Seit ich 2013 hierher zog, habe ich festgestellt, dass es zwei Wörter gibt, die Griechenland am treffendsten beschreiben: Gegensatz und Fülle. Nirgendwo sonst gibt es so laute, aber auch so stille Orte, man kann den klarsten und auch den stürmischsten Himmel erleben und nirgends sonst sind mir beim Essen so reichhaltige und zugleich so unverstellte Aromen begegnet – um nur einige der Kontraste zu nennen. Und dann dieser große Schatz an Geschichte, Wissen und Traditionen. Ich denke, genau das ist es: Griechenlands Gegensätze und seine immateriellen Reichtümer, die Einheimische und Besucher gleichermaßen verzaubern. Zunächst erschien mir diese Schönheit und mysteriöse Faszination etwas befremdlich und unverständlich, aber nachdem ich ihr mein Herz öffnete, fühlt sie sich vertraut, ja sogar unwiderstehlich an.

IHRE SCHÖNSTE ERINNERUNG AN GRIECHENLAND?

Die meisten meiner Erinnerungen sind sehr emotional. Dabei stehen zwei an vorderster Stelle: mein erster Besuch in Griechenland zusammen mit meinem heutigen Mann im Jahr 2003 und unsere Trauung auf der Insel Spetses sieben Jahre später. Niemals werde ich vergessen wie sehr es Nikolaos 2003 berührte, wieder griechischen Boden zu betreten. Während der ersten Tage unseres Aufenthalts im Land haben wir jeden einzelnen Sonnenaufgang und -untergang bestaunt – das war eines unserer bisher intensivsten gemeinsamen Erlebnisse. Der Tag unserer Hochzeit im Sommer 2010 war ein weiterer Moment, der mir für immer im Gedächtnis bleiben wird. Seitdem bin ich immerzu, wenn ich „in nie zuvor gesehene Häfen einfahre", um den Dichter Kavafis sinngemäß zu zitieren – dankbar für das Abenteuer, das mich jeden Morgen erwartet und aus dem ständig neue Erinnerungen erwachsen, ob ich etwa auf den Markt gehe, um frische, saisonale Waren zu kaufen, ob ich Menschen zum ersten Mal begegne oder ob ich bei einem Projekt zu neuen Ufern aufbreche.

Mein „Paxos-Salat"

Σαλάτα από τους Παξούς · Salata apo tous Paxous

Von Paxos, einer winzigen, von Olivenhainen bedeckten Insel im Süden Korfus, wird im Griechischen stets im Plural gesprochen, denn es gibt nahebei eine noch kleinere Schwesterinsel namens Antipaxos. Beide bezaubern mit weißen Sandstränden und türkisblauem Wasser. Dort aßen mein Mann und ich diesen Salat wie bei einem Picknick auf einem sehr kleinen Boot, mit dem wir das erste Mal allein unterwegs waren, weil wir nach unserem Umzug nach Griechenland 2013 auf Korfu gerade unseren Bootsführerschein erworben hatten.

(I)

Öl, Balsamico, Zitronenschale und Honig zusammen mit je 1 Prise Salz und Pfeffer in ein Schraubglas geben, verschließen und gründlich schütteln. Den Rucola in eine Salatschüssel oder auf eine Platte geben. Die übrigen Salatzutaten darauf verteilen, das Ganze mit dem Dressing beträufeln. Sofort servieren.

(i)

Halloumi ist ein halbfester, etwas zäher Käse aus Zypern, der kalt nicht besonders, aber dafür gegrillt oder gebraten und nur mit etwas Zitronensaft beträufelt, umso wundervoller schmeckt. Ersetzen können Sie ihn in diesem Salat durch Provolone, den Sie allerdings nicht grillen sollten. Bei noumboulo, *einer Spezialität aus Korfu, handelt es sich um Schweinefilet, das, in Rotwein mariniert und geräuchert, einen delikaten, lieblichen Geschmack besitzt. Prosciutto bildet einen guten Ersatz.*

Zutaten *(Für 4 Personen)*

* 150 ml native Olivenöl extra
* 4 EL Balsamessig (Aceto balsamico)
* Abgeriebene Schale von ½ Bio-Zitrone
* ½ TL Honig
* Meersalz und frisch geriebener schwarzer Pfeffer
* 4 große Handvoll zarter Rucola
* 225 g Halloumi, in Scheiben geschnitten, gegrillt und in Streifen geschnitten
* 2 Hähnchenbrustfilets (insgesamt etwa 340 g), ohne Haut und gesäubert, gegrillt und in schmale Streifen geschnitten
* 12 dünne Scheiben *noumboulo* oder Prosciutto
* 4–5 frische Feigen, halbiert
* 2 EL gehackt Walnusskerne

Fisch en Papillote mit griechischen Aromen

Ψάρι ψημένο σε λαδόκολλα με Ελληνικά αρώματα
Psari psimeno se ladokolla me ellinika aromata

Fisch ist in der Küche für viele ein Angstgegner, und deshalb essen sie ihn lieber im Restaurant. Durch unseren Umzug nach Griechenland bekam ich die Gelegenheit, mich an die Zubereitung von Fisch zu wagen, und inzwischen mache ich es mit großem Vergnügen. Gerade dieses Gericht liebe ich, weil es so einfach und schnell geht. Der allerschönste Moment kommt dann, wenn man sein Fischpäckchen öffnet. Ein Erlebnis, das alle Sinne auf einmal anspricht! Man spürt und schnuppert den aromatischen Dampf, der sanft die Haut erwärmt, das Auge freut sich an den Farben, und dann schließlich der Geschmack: unverfälscht, köstlich, frisch.

1

Den Backofen auf 180 °C vorheizen.

2

Öl, Zitronenschale und -saft, Tomaten und Oliven in einer Schüssel vermischen, nach Geschmack salzen und pfeffern. Die Fischfilets dazugeben und 5 Min. marinieren.

3

Aus Pergamentpapier oder Alufolie vier Quadrate (Kantenlänge 30 cm) zuschneiden.

4

Ein Fischfilet auf die eine Hälfte eines Papierquadrats geben. Einen Teil der Marinade, der Tomaten und der Oliven hinzufügen und zuletzt einen Rosmarinzweig darauflegen. Die freie Papierseite über den Fisch schlagen; die Papierränder an allen drei Seiten doppelt falzen und zuletzt die Falze nach oben biegen, so dass der Dampf im Inneren bleibt. Mit den übrigen Filets und dem Rest der anderen Zutaten wie beschrieben drei weitere Päckchen herstellen.

5

Die Päckchen auf ein Backblech legen. Den Fisch im vorgeheizten Ofen 12 Min. garen. Vorsichtig öffnen und servieren.

Zutaten *(Für 4 Personen)*

* 4 EL Olivenöl
* Abgeriebene Schale und Saft von 1 Bio-Zitrone
* 12 Kirschtomaten, halbiert
* 12 schwarze Oliven, entsteint
* Salz und frisch gemahlener schwarzer Pfeffer
* 4 Fischfilets je 175 g, vorzugsweise von Goldbrassen (*tsipoura*), Wolfsbarsch oder Red Snapper
* 4 Rosmarinzweige

i

Ich serviere dazu gern eine große Platte mit gegrilltem Gemüse, einen üppigen grünen Salat und einen einfachen Kartoffelsalat aus Mani, den ich dort bei einem Seminar über Olivenöl kennenlernte. Die Zubereitung ist ein Kinderspiel: Gekochte Kartoffeln noch warm mit einer Gabel zerdrücken und dann einige kräftige Schuss Olivenöl, etwas Meersalz und gehackte frische Petersilie untermischen. Briam (siehe S. 94) passt als Beilage ebenfalls ausgezeichnet.

Süßkartoffel-Küchlein mit Tahin, Honig & Zimt

Γλυκοπατάτες τηγανιτές με ταχίνι, μέλι, και κανέλα
Glykopatates tiganites me tahini, meli, kai kanella

Dies ist mein liebstes Frühstück: die Kombination der Zutaten lädt meinen Energiespeicher für Stunden auf. Tahin habe ich entdeckt, als ich nach Griechenland zog. Zuvor hatte ich es nie gegessen, und heute genieße ich es zum Frühstück, zusammen mit Früchten als Snack und auch in Salatdressings. Ich liebe Fuji-Äpfel aus Volos in Griechenland, doch falls Sie eine andere Sorte vorziehen, nehmen Sie eben diese.

1

Süßkartoffel und Apfel in einer Schüssel vermengen. Die Eiweiße (oder ganze Eier, falls Sie eine Art Süßkartoffelrührei zubereiten möchten), den Zimt, das Salz und nach Belieben Korinthen und Hanfsamen (oder Mandelmehl) dazugeben. Alles mit einer Gabel gut verrühren.

2

Das Öl in einer großen Pfanne auf mittlerer bis kleiner Stufe erhitzen. Aus der Süßkartoffel-Masse runde Küchlein formen. In die Pfanne einlegen und braten, bis sie nach etwa 2 bis 3 Min. gebräunt sind; wenden und von der zweiten Seite noch 1 bis 2 Min. braten. Mit einer großzügigen Portion Tahin garnieren, Honig nach Geschmack dazugeben und noch etwas Zimt aufstreuen. Fertig ist das Frühstück!

i

Griechenland bietet unglaublich leckere Honigsorten. Meine Favoriten sind Thymian- und Kiefernhonig. Hier habe ich glücklicherweise die Gelegenheit, Imker in der näheren Umgebung persönlich zu besuchen. Vielleicht machen Sie auch einen ausfindig, der nicht allzu weit entfernt ist.

Zutaten *(Ergibt 2–3 Stück)*

* 1 kleine Süßkartoffel, geschält und gerieben
* ½ Apfel, grob gehackt
* 2 Eiweiße oder 2 ganze Eier
* ½ TL gemahlener Zimt plus mehr zum Bestreuen
* ¼ TL Meersalz
* 1 Handvoll Korinthen (nach Belieben)
* 1 EL gemahlene Hanfsamen oder Mandelmehl (nach Belieben)
* 1 TL natives Olivenöl extra oder Kokosöl
* Honig (vorzugsweise von Wildblüten)
* Tahin (reichlich dosiert!)

TATIANA CASIRAGHI

Tatiana Casiraghi (geborene Santo Domingo) ist verheiratet mit Andrea Casiraghi, dem ältesten Sohn von Caroline Prinzessin von Hannover und ältestem Enkel von Fürst Rainier von Monaco und Grace Kelly. Zusammen mit Dana Alikhani startete sie 2011 die Homepage Muzungu Sisters, ein Portal, das erlesene Kleidungsstücke und Accessoires anbietet, die in kunstvoller Handarbeit unter ethisch einwandfreien Arbeitsbedingungen in aller Welt entstehen. Tatiana und ihr Ehemann unterstützen mehrere Wohltätigkeitsorganisationen, allen voran die Fondation Motrice, die Spenden sammelt für die Erforschung von Kinderlähmung. Als Kind eines kolumbianischen Vaters und einer brasilianischen Mutter, geboren in New York und aufgewachsen in der Schweiz, spricht Tatiana vier Sprachen fließend.

IHR GRIECHISCHES LIEBLINGSESSEN?

Mein griechisches Lieblingsgericht ist *strapatsada* (Rührei mit Tomaten). Es ist ohne großen Aufwand schnell gemacht und einfach köstlich. Ich bereite es oft zu und genieße es zu jeder Tageszeit.

WAS BEDEUTET GRIECHENLAND FÜR SIE?

Eine lockere, entspannte Atmosphäre, kristallklares Meer und leckeres Essen – die perfekte Verbindung für einen gelungenen Urlaub.

IHRE SCHÖNSTE ERINNERUNG AN GRIECHENLAND?

Besonders gern denke ich an die späten Mittagessen in Kiki's Taverna am Agios-Sostis-Strand auf Mykonos. Ich liebe diesen Strand, und Kiki's zählt unter allen Restaurants, die ich weltweit kennengelernt habe, zu meinen persönlichen Spitzenreitern. Es ist ein wirklich zauberhafter Ort.

Rührei mit Tomaten

Στραπατσάδα · Strapatsada

Man bekommt dieses Gericht längst nicht in jeder Taverne, dabei ist es Wohlfühlessen vom Feinsten und außerdem denkbar einfach zuzubereiten. Ein Favorit bei Jung und Alt, und das umso mehr, wenn es noch ganz frisch gemachte Bratkartoffeln dazu gibt.

1

Das Öl in einer großen Pfanne auf mittlerer Stufe erhitzen. Die Tomaten dazugeben, Salz und Pfeffer nach Geschmack sowie den Zucker (falls verwendet) untermischen. Das Ganze köcheln lassen, bis sich das Öl von den Tomaten abscheidet. Die Hitze verringern. Die verquirlten Eier dazugießen und unter häufigem Rühren garen, bis sie gestockt sind und der von den Tomaten abgegebene Saft vollständig verdampft ist. Heiß servieren.

i

Falls Sie etwas mehr Zeit zur Verfügung haben, die Tomaten halbieren, entkernen und fein hacken (die Schale wird zuletzt weggeworfen) – so ergibt sich eine feinere Version des Gerichts. Der Zucker entlockt den Tomaten ihre Aromen, doch je nachdem wie süß sie sind, kann er auch weggelassen werden.

Zutaten *(Für 4–5 Personen)*

* 4 EL natives Olivenöl extra
* 4 große Tomaten, gewürfelt
* Salz und frisch gemahlener schwarzer Pfeffer
* 1 Prise Zucker (nach Belieben)
* 8 Eier, verquirlt

VALENTINO &
GIANCARLO GIAMMETTI

IHR GRIECHISCHES LIEBLINGSESSEN?
Jedes Gericht, das mit Feta zubereitet wird.

WAS BEDEUTET GRIECHENLAND FÜR SIE?
Für uns bedeutet Griechenland Spaß,
Freiheit und Entspannung.

IHRE SCHÖNSTE ERINNERUNG AN GRIECHENLAND?
Wir denken gerne an die Olympischen Spiele
im Jahr 2004 in Athen.

Feta-Mousse à la Grecque

Μους με φέτα · Mousse me feta

Reichen Sie zu dieser herzhaften Mousse Kirschtomaten mit zerpflückten Basilikumblättern, einen grünen Salat, eine Auswahl von gegrilltem Gemüse, gebackene Feigen, Oliven, Cracker oder was immer sonst Ihnen zusagt.

1

In eine kleine mikrowellengeeignete Schüssel 4 EL der Sahne füllen. Die Gelatine unterrühren und 5 Min. quellen lassen. Die Sahne-Gelatine-Mischung in der Mikrowelle etwa 30 Sek. erhitzen, bis sie blubbert und die Gelatine sich gelöst hat (man kann die Masse auch in einem kleinen Topf bei kleiner Hitze erwärmen), leicht abkühlen lassen. Den Feta mit der Hand in eine große Schüssel bröckeln; den Ziegenfrischkäse gleichmäßig untermischen. Die Sahne-Gelatine-Mischung dazugeben und alles mit einem Schneebesen gründlich verrühren. Zuletzt die gehackten Oliven unterziehen.

2

Die übrige Sahne (etwa 240 g) mit einem elektrischen Handrührgerät schlagen, bis sie fest, aber nicht zu steif ist. Behutsam unter die Käsemasse heben damit die Sahne nicht zusammenfällt. Das Ganze mit Salz abschmecken (eventuell ist dies gar nicht erforderlich, da der Feta und die Oliven bereits Salz enthalten).

3

Die Masse mithilfe eines Teigschabers in eine 750-ml-Kastenform füllen. Mit Frischhaltefolie verschließen und im Kühlschrank etwa 2 Std. fest werden lassen. Die Mousse auf eine Platte stürzen – sie gleitet mühelos aus der Form, wenn man diese entweder einige Sekunden in heißes Wasser taucht oder aber die Kanten mit einem Gourmetbrenner erhitzt. Servieren.

Zutaten *(Für 8–10 Personen)*

* 300 g Sahne
* 3 ½ TL Gelatinepulver
* 300 g Feta
* 150 g Ziegenfrischkäse
* 60 g schwarze Oliven, entsteint und grob gehackt
* Salz (nach Belieben)

VICKY VLACHONIS

Vicky Vlachonis wurde in Athen in ein sportliches Elternhaus hineingeboren: der Vater Tennistrainer und die Mutter Yogalehrerin sowie Gesundheitsexpertin, die ihrer Tochter schon früh vermittelte, wie wichtig es sei, sich zu bewegen, auf seine Ernährung zu achten und zu meditieren. Ihre berufliche Laufbahn begann Vicky in England als Osteopathin und Spezialistin für den Bewegungsapparat. Dabei behandelte sie Tänzer und Tänzerinnen des Londoner Royal Ballet sowie von großen Bühnenproduktionen wie Cats *und* Der König der Löwen. *Nachdem sie für die renommiertesten ganzheitlich arbeitenden Kliniken Londons tätig gewesen war, eröffnete sie 2001 ihre eigene Praxis. Heute betreut sie mit ihren ganzheitlichen Heilbehandlungen und -methoden rund um den Globus Menschen, die ein gesundheitliches Anliegen haben oder einfach nur bei Elternversammlungen, Vorstandssitzungen, Konzerten, Drehterminen und Red-Carpet-Auftritten einen strahlenden Eindruck hinterlassen wollen. Zu ihren Klienten zählen bekannte Persönlichkeiten wie Gwyneth Paltrow, Cameron Diaz, Elton John und Katy Perry. Vicky lebt mit ihrer Familie in Beverly Hills in Kalifornien, dort befindet sich auch ihre Praxis.*

IHR GRIECHISCHES LIEBLINGSESSEN?

Natives Olivenöl extra ist für mich eines der besten Nahrungsmittel Griechenlands, nicht zuletzt wegen seiner schmerzlindernden Wirkung. Morgens nehme ich immer gleich nach dem Aufstehen vier Esslöffel davon zu mir. In Griechenland ist Olivenöl bei fast jedem Essen eine Grundzutat. Außerdem liebe ich griechischen Bio-Joghurt und Gesundheitstee, zubereitet aus griechischem Oregano.

WAS BEDEUTET GRIECHENLAND FÜR SIE?

Griechenland ist meine Heimat, hier sind mein Herz und meine Seele zu Hause. Sobald ich in Griechenland lande, fühle ich mich geerdet. Es bedeutet für mich Liebe, Familie, Essen mit Heilkräften, wunderschöne Inseln, Kindheitserinnerungen, Gebet, Achtsamkeit und Geben.

IHRE SCHÖNSTE ERINNERUNG AN GRIECHENLAND?

Das sind stundenlange Mahlzeiten zusammen mit meiner Familie und anderen Menschen, die ich liebe. Wir essen und trinken gemeinsam, lachen, tanzen, singen, weinen, schreien und reden über Gott und die Welt. Bei solchen Gelegenheiten sprechen wir über unsere Träume, Gefühle und Gedanken zu Vergangenem, Gegenwärtigem und Zukünftigem. Besonders liebe ich die Nickerchen nach einem ausgiebigen Mittagessen. Der Esstisch ist der Platz, an dem meine Familie zusammenkommt, um die köstlichen Speisen meiner Mutter zu genießen und wirklich wertvolle Zeit miteinander zu verbringen.

Die sogenannte Mittelmeerdiät ist nach Ansicht von Wissenschaftlern deshalb so gesund, weil **natives Olivenöl extra** ihr wichtigster Bestandteil ist. Olivenöl enthält natürliche, alkoholähnliche Substanzen, sogenannte phenolische Verbindungen, die entzündungshemmende Eigenschaften haben. Die wirksamste dieser Substanzen ist Oleocanthal, eine Art natürliches Ibuprofen. Oleocanthal besitzt dasselbe Molekularprofil wie Ibuprofen und blockiert Prostaglandine. Vier Esslöffel natives Olivenöl extra haben dieselbe Wirkung wie 10 % der für Erwachsene empfohlenen Ibuprofen-Dosis. Das heißt zwar nicht, dass das Salatdressing Ihre Rückenschmerzen beseitigt, doch wenn man täglich Olivenöl zu sich nimmt– was ich seit meiner Kindheit mache –, hemmt das nach Meinung von Forschern die Prostaglandin-Bildung und damit Entzündungsprozesse im Körper. Das wiederum kann möglicherweise das Risiko einer Alzheimererkrankung senken und chronische Schmerzen lindern. Ob Ihr natives Olivenöl extra viel Oleocanthal enthält, merken Sie an seinem pfeffrig würzigen und leicht-scharfen Geschmack. Besorgen Sie sich am besten Bio-Olivenöl, das frisch gepresst ist (achten Sie auf das auf der Flasche angegebene empfohlene Verbrauchsdatum). Im Gegensatz zu Wein wird Olivenöl mit der Zeit nicht besser. Handelsübliche Olivenöle haben eine Haltbarkeit von etwa einem Jahr.

Erbsen mit Artischockenherzen

Αγγινάρες με αρακά · Anginares me araka

① Erbsen, Artischockenherzen, Zwiebeln, Frühlingszwiebeln, Möhren und Dill in einen großen Topf geben. Die Brühe dazugießen. Einen Deckel auflegen und das Gemüse 30 Min. köchelnd garen.

② Den Topf vom Herd nehmen. Öl und Zitronensaft zusammen mit Salz und Pfeffer nach Geschmack unter das Gemüse mischen. Das Gericht 15 Min. ruhen lassen und dann servieren.

Zutaten *(Für 4–5 Personen)*

* 280 g geschälte Erbsen, frisch oder tiefgefroren und aufgetaut
* 10 Artischockenherzen (Glas oder Dose oder auch tiefgefroren)
* 160 g Zwiebeln, gewürfelt
* 50 g Frühlingszwiebeln, in feine Scheiben geschnitten
* 2 Möhren, geschält und in größere Stücke geschnitten
* 30 g frischer Dill, fein gehackt
* 250 ml Gemüsebrühe
* 2–3 EL natives Olivenöl extra
* Saft von ½ Bio-Zitrone
* Meersalz and frisch gemahlener schwarzer Pfeffer

Grüne Bohnen mit Tomatensauce

Φασολάκια λαδερά · *Fasolakia ladera*

Indem man das Olivenöl erst am Ende der Zubereitung zufügt,
wird das Essen leichter verdaulich und bekömmlicher.

1

Grüne Bohnen, Zwiebeln und Petersilie in einen großen Topf geben. Tomatenpüree, Brühe und Zimtstange hinzufügen. Das Ganze auf mittlerer Stufe zum Kochen bringen; anschließend auf kleiner Stufe ohne Deckel 45 Min. köcheln lassen, bis das Gemüse gar und die Flüssigkeit weitgehend verkocht ist.

2

Den Topf vom Herd nehmen. Das Öl unterziehen. Das Gericht 15 Min. ruhen lassen und dann servieren.

Zutaten *(Für 4–6 Personen)*

* 1 kg grüne Bohnen, geputzt und halbiert
* 2 große Zwiebeln, in dünne Scheiben geschnitten
* 60 g frische Petersilie, fein gehackt
* 750 g Tomaten, im Standmixer püriert (ersatzweise Tomaten-Passata)
* 480 ml Gemüsebrühe

* 1 große Stange Zimt
* 3–4 EL natives Olivenöl extra

Zicklein mit Dörrpflaumen

Κατσικάκι στη γάστρα με δαμάσκηνα · Katsikaki sti gastra me damaskina

Ein köstliches Gericht, ob einfach so serviert oder auch mit Naturreis, Quinoa oder Graupen als Beilage.

(1)

Das Fleisch mit Zwiebeln, Dörrpflaumen, Zitronensaft, Brühe, Knoblauch und Oregano in einen weiten Topf mit schwerem Boden geben, Salz und Pfeffer nach Geschmack hinzufügen. Das Ganze einmal aufkochen und dann auf mittlerer bis kleiner Stufe zugedeckt 1 ½ bis 2 Std. köcheln lassen, bis das Fleisch und das Gemüse gar sind und der Fond etwa auf die Hälfte einreduziert ist. (Dabei das Gericht etwa nach der Hälfte der Zeit einmal umrühren.)

(2)

Fleisch und Gemüse auf einer Platte anrichten. Das Öl darüberträufeln – so erhält das Fleisch gleichzeitig einen appetitlichen Glanz – und das Gericht servieren.

Zutaten *(Für 4 Personen)*

* 2 Zickleinkeulen (je etwa 1,1 kg), gesäubert, ausgelöst und in 7 ½ cm große Stücke zerteilt
* 3 weiße oder braune Zwiebeln, in Scheiben geschnitten
* 350 g Dörrpflaumen ohne Stein
* 240 ml frisch gepresster Zitronensaft (von etwa 5 Bio-Zitronen)
* 240 ml Gemüsebrühe
* 1 EL Knoblauch, fein gehackt
* 1 EL getrockneter Oregano
* Meersalz and frisch gemahlener schwarzer Pfeffer
* 120 ml natives Olivenöl extra

Fast alle kennen Oregano aus dem Gewürzregal – ich aber habe ihn in der Teekanne! Ein Tee aus Oregano-Blättern oder ein paar Tropfen Oregano-Öl in heißem Wasser sind ein entspannendes, beruhigendes und entzündungshemmendes Getränk, mit dem ich die Aufnahme von zwei der wirksamsten entzündungshemmenden Verbindungen in Oregano erhöhe: Thymol und Carvacrol. In klinischen Tests wurde nachgewiesen, dass sie gegen resistente Stämme des Bakteriums *Staphylococcuus aureus* einschließlich der gefürchteten MRSA-Stämme wirken. Oregano ist wirksamer als Arzneien, da er den Biofilm durchdringt, der diese Mikroorganismen schützt und so gefährlich macht. Außerdem enthält Oregano reichlich Antioxidantien, schützt die Leber, verhindert die Tumorbildung und tötet Darmparasiten ab – alles Eigenschaften, die schmerzhafte Entzündungen lindern oder verhindern können.

VICTORIA HISLOP

Die Buchautorin Victoria Hislop studierte Englische Literatur an der Oxford University. Ihr 2005 erschienenes Erstlingswerk The Island *(auf Deutsch* Insel der Vergessenen, 2006*) erzählt von Spinalonga, einer dem kretischen Küstenort Plaka vorgelagerten kleinen Insel, die früher als Leprakolonie diente. Das Buch wurde weltweit über drei Millionen mal verkauft und in einer 26-teiligen griechischen Fernsehserie verfilmt. Victoria wurde bei der Verleihung der British Book Awards als „Newcomer of the Year" ausgezeichnet und ist heute Botschafterin der internationalen Wohltätigkeitsorganisation Lepra. Sieht man einmal ab von einem inzwischen veröffentlichten Roman über den Spanischen Bürgerkrieg, dreht sich ihr schriftstellerisches Schaffen um griechische Themen: Im Thessaloniki des 20. Jahrhunderts spielt* The Thread; The Last Dance and Other Stories *(auf Deutsch* Eine Geschichte von Liebe und Feuer*), und auf Zypern angesiedelt ist* The Sunrise, *ein Bestseller in England und Griechenland. Victorias Bücher wurden in mehr als 35 Sprachen übersetzt und sie gewann verschiedene Literaturpreise in Frankreich. Die meiste Zeit des Jahres verbringt sie in Großbritannien und Griechenland.*

IHR GRIECHISCHES LIEBLINGSESSEN?

Als Vegetarierin komme ich in Griechenland voll auf meine Kosten, vor allem auf Kreta. Ich liebe *horta* (griechisches Blattgemüse), *fava* (Püree von halben Gelben Schälerbsen), Zucchini (in Scheiben geschnitten und gebraten oder auch in Form von Küchlein, aber ebenso Zucchiniblüten gefüllt mit Reis), es gibt wunderbaren Käse und vieles mehr. Bei einer solchen Auswahl frage ich mich, warum manche meinen, ohne Fleisch nicht auskommen zu können. Wenn ich eine Speise wählen müsste, die mein einziges „Lebensmittel" sein sollte, dann wäre das *fava* (siehe S. 156). Ich bin geradezu versessen darauf. Jedes Mal, wenn ich das Püree in einem Restaurant esse oder es selbst zubereite,

schmeckt es etwas anders. Aber immer empfinde ich es als sehr nahrhaft, gesund und sättigend.

WAS BEDEUTET GRIECHENLAND FÜR SIE?

Zu Griechenland fällt mir unglaublich viel ein. Womit soll ich anfangen? Die Landschaft, die Kultur, die Küche, die Sprache und das Klima – ich liebe das alles. Es scheint genau zu mir zu passen und versetzt mich in gute Laune, so wie das klare Licht, das dieses Land erhellt. Aber das Wichtigste sind wohl die Griechen selbst. Ich liebe es, neue Menschen kennenzulernen und es reizt mich, die griechische Mentalität immer noch ein bisschen besser zu verstehen. Jeder, den ich kennenlerne, lehrt mich etwas.

IHRE SCHÖNSTE ERINNERUNG AN GRIECHENLAND?

Es gibt so viele, dass ich mich kaum für eine einzige entscheiden kann. Ein ganz besonderes Ereignis war aber wohl folgendes: Wir hatten die Dreharbeiten zu der TV-Serie *To Nisi* (*Die Insel*) abgeschlossen, und um das zu feiern, kamen eine Menge Menschen in dem Ort Plaka, vor dem die Insel Spinalonga liegt, zusammen. An der Produktion hatten buchstäblich Hunderte mitgewirkt – Schauspieler, Statisten, Crew und Techniker –, und es war Januar. Es gab einen riesigen *vassilopita* (Neujahrskuchen), der aufgeschnitten und verteilt wurde, und viele Leute sangen und tanzten, was gerade auf Kreta auf mich immer eine hypnotisierende Wirkung hat. Alles erschien mir etwas surreal. Aber ich denke, es hat tatsächlich stattgefunden.

Zucchinibällchen mit Tzatziki

Κολοκυθοκεφτέδες & Τζατζίκι · Kolokythokeftedes & Tzatziki

*Was wäre Griechenland ohne seine mezedes (viele kleine Gerichte)? Ein Klassiker ist dabei das tzatziki.
Es passt nicht nur hervorragend zu gebratenen Auberginen- und Zuchinischeiben oder Rote-Bete-Salat,
sondern ist auch eine unverzichtbare Zutat für Souvlaki im Pita-Brot. Den Knoblauch können
Sie ganz nach Belieben sparsamer oder auch großzügiger dosieren, Minze und Gurke machen die Sauce
zu einem frischen Genuss. Verwenden Sie auf jeden Fall griechischen Joghurt für ihr tzatziki.*

1

Für das Tzatziki: die Gurkenraspel möglichst gut ausdrücken. Anschließend mit den übrigen Zutaten gründlich vermischen. Das Ganze abschmecken. Vor dem Servieren zugedeckt für mehrere Stunden in den Kühlschrank stellen, damit sich die Aromen schön verbinden.

2

In einem großen Topf reichlich Wasser zum Kochen bringen. Die Zucchiniraspel hineingeben und nach einem erneuten Aufkochen des Wassers noch etwa 3 Min. garen. Abgießen und die Zucchini, sobald man sich an ihnen nicht mehr die Finger verbrennt, gründlich ausdrücken. In eine Schüssel geben, Semmelbrösel, Zwiebel, Eier, Petersilie, Minze, Feta, Mehl und Öl sowie Salz und Pfeffer nach Geschmack hinzufügen. Alles gründlich vermengen. Die Masse vor der Weiterverarbeitung zugedeckt für mindestens 1 Std. in den Kühlschrank stellen.

3

Für die eigentliche Zubereitung der Küchlein von der Masse jeweils eine esslöffelgroße Portion abnehmen, zwischen den Händen zu einer Kugel rollen und diese leicht flach drücken. Wenn die gesamte Masse verarbeitet ist, etwas Mehl in einen tiefen Teller füllen und die Küchlein darin wälzen (alternativ einige EL Mehl in eine Papiertüte füllen, jeweils ein paar Küchlein auf einmal dazugeben und behutsam schütteln, bis sie gleichmäßig eingemehlt sind). Eine große Pfanne 2,5 cm hoch mit Öl füllen und kräftig erhitzen – das Öl darf aber nicht rauchen.

Zutaten *(Ergibt etwa 30 Stück)*

Für das Tzatziki

* ½ Salatgurke, geschält und geraspelt (netto etwa 140 g)
* 550 g griechischer Joghurt
* 1 EL frische Minze, gehackt
* 2–3 Knoblauchzehen, fein gehackt (nach Geschmack)
* 1 EL natives Olivenöl extra
* Salz und frisch gemahlener schwarzer Pfeffer

* 1 kg Zucchini, geraspelt
* 110 g Semmelbrösel
* 1 Zwiebel, gerieben
* 2 Eier, verquirlt
* 1–2 Handvoll frische Petersilie, gehackt
* 1–2 Handvoll frische Minze, gehackt
* 1 Handvoll Feta, zerbröckelt (nach Geschmack)
* 2 EL Mehl, plus mehr zum Einmehlen der Küchlein
* 2 EL Olivenöl, plus mehr zum Braten
* Salz und frisch gemahlener schwarzer Pfeffer

Tipp: Für eine geschmackliche Abwandlung zusätzlich etwas geraspelte Möhre untermischen.

Die Küchlein portionsweise, damit die Öltemperatur nicht zu stark absinkt, hineingeben und braten, bis sie auf beiden Seiten kräftig gebräunt sind. Auf Küchenpapier entfetten. Mit Tzatziki als Beigabe servieren.

ZUBIN MEHTA

*Seine erste musikalische Ausbildung erhielt der 1936 in Bombay geborene Zubin Mehta
von seinem Vater Mehli Mehta, einem bekannten Konzertviolinisten und dem Gründer
des Bombay Symphony Orchestra. Ab 1954 absolvierte er an der Wiener Musikakademie unter
Hans Swarowsky eine Dirigentenausbildung. Im Alter von 25 Jahren hatte er bereits die Wiener und
die Berliner Philharmoniker sowie das Israel Philharmonic Orchestra dirigiert. Zusammen mit allen drei Ensembles
feierte er kürzlich seine 50-jährige musikalische Zusammenarbeit.*

*Vom Israel Philharmonic Orchestra wurde er 1980 zum Music Director auf Lebenszeit ernannt – eine bemerkenswerte
Anerkennung. Außerdem arbeitete Zubin Mehta mit dem Montreal Symphony Orchestra, dem
Los Angeles Philharmonic Orchestra und dem New York Philharmonic Orchestra (seine Ära dort dauerte 13 Jahre
und damit länger als die jedes anderen Dirigenten in der Geschichte des Orchesters). Überdies hat er seit 1985
den Posten des Chefdirigenten des Orchestra del Maggio Musicale Fiorentino in Florenz inne. Allein mit dem Israel
Philharmonic Orchestra gab er über 3.000 Konzerte auf fünf Kontinenten. Parallel kann er auf exzellente
Erfolge als Operndirigent blicken. Er stand in vielen der größten Opernhäuser der Welt am Dirigentenpult, und
von 1998 bis 2006 war er Generalmusikdirektor der Bayerischen Staatsoper.*

*Alle Ehrungen Zubin Mehtas hier aufzulisten, würde zu weit führen. Unter anderem ist er
Träger des Nikisch-Rings, der von Karl Böhm an ihn weitergegeben wurde; außerdem ist er Ehrendirigent
der Wiener sowie der Münchner Philharmoniker, des Los Angeles Philharmonic Orchestra,
des Teatro del Maggio Musicale Fiorentino, der Staatskapelle Berlin und des Bayerischen Staatsorchesters;
er erhielt eine Auszeichnung des japanischen Kaiserhauses, das Große Bundesverdienstkreuz,
eine Auszeichnung der indischen Regierung und einen eigenen Stern auf dem Hollywood Walk of Fame.*

*Zubin Mehta widmet sich nach wie vor der Entdeckung und Förderung musikalischer Talente
in aller Welt, insbesondere in Bombay und Tel Aviv sowie in Schefar'an und Nazareth, wo er ein
neues Projekt für junge arabische Israelis ins Leben rief.*

IHR GRIECHISCHES LIEBLINGSESSEN?
Moussaka.

WAS BEDEUTET GRIECHENLAND FÜR SIE?
Ich habe Griechenland durch meine vielen Besuche
lieben gelernt, sicherlich aber wurde mein Blick auf
dieses wunderschöne Land auch durch die schon so
lang währende Freundschaft zur griechischen Königs-
familie beeinflusst. Nicht nur sie, die so viel Liebe für
ihr Land und das griechische Volk empfinden und diese
Zuneigung mit Hingabe leben, haben mir die Augen

geöffnet, sondern auch zwei großartige griechische
Musiker, Gina Bachauer und Dimitri Mitropoulos, mit
denen ich zusammenarbeiten durfte.

IHRE SCHÖNSTE ERINNERUNG AN GRIECHENLAND?
Es ist diese Verbindung aus der sympathisch
unkomplizierten Art der Griechen und ihrem tief
empfundenen Stolz auf ihr kulturelles Erbe, dank derer
das Land und sein Volk in der westlichen Gemeinschaft
einen besonderen Platz einnehmen.

Moussaka

Μουσακάς

Moussaka ist einer der größten Klassiker der griechischen Küche. Bestellt man diesen Auflauf in einer taverna, erweist er sich in der Regel als Komposition aus gebratenen Auberginen, Hackfleisch- und Béchamelsauce. Bringen Sie doch zu Hause Abwechslung in die Sache! Ersetzen Sie das Hackfleisch in der Sauce durch gehackte Pilze oder fügen Sie als Zwischenlagen Scheiben von Artischocken, Zucchini oder Kürbis ein. Für einen leichteren Genuss könnten Sie das Gemüse grillen oder in köchelnder Brühe garen, anstatt es zu braten. Ein letzter Vorschlag: Bestreichen Sie den Auflauf vor dem Überbacken mit Joghurt anstelle der Béchamelsauce.

1

Die Auberginen längs in 1 cm dicke Scheiben schneiden. Mit grobem Salz bestreuen und in einem Sieb 30 Min. abtropfen lassen, um sie zu entwässern. Gründlich mit kaltem Wasser abspülen und trocken tupfen.

2

In einer großen Pfanne 3 EL Öl auf mittlerer Stufe erhitzen. Die Zwiebel unter häufigem Rühren glasig dünsten. Das Hackfleisch hinzufügen und braten, bis es seinen rosa Schimmer vollständig verloren hat, dabei häufig durchmischen. Wein, Tomaten, Petersilie, Zimtstange und Zucker sowie Salz und Pfeffer nach Geschmack dazugeben. Das Ganze ohne Deckel etwa 20 Min. köcheln lassen, bis die Flüssigkeit weitgehend verdampft ist.

3

Den Backofen auf 190 °C vorheizen.

4

In einer zweiten großen Pfanne 250 ml Öl auf mittlerer Stufe erhitzen. Die Auberginenscheiben portionsweise darin goldbraun braten – sie dürfen nicht zu kräftig bräunen. Auf Küchenpapier entfetten.

5

Für die Béchamelsauce: die Butter in einem Topf auf kleiner Stufe schmelzen. Das Mehl zufügen und unter ständigem Rühren anschwitzen, bis es etwas Farbe annimmt. Die Milch dazugießen und mit einem Schneebesen solange rühren, bis schließlich eine

Zutaten *(Für 8 Personen)*

* 2 oder 3 große Auberginen (insgesamt 1,4 kg)
* Naturbelassenes grobes Meersalz
* 3 EL plus 250 ml Olivenöl
* 1 Zwiebel, fein gewürfelt
* 500 g Hackfleisch vom Rind oder Lamm
* 250 ml trockener Weißwein
* 4 reife Tomaten, halbiert, Kerne entfernt und klein gehackt (die Schale zuletzt weggeworfen) oder 1 Dose ganze Tomaten (800 g), zerdrückt
* 3 EL frische Petersilie, fein gehackt
* 1 Stange Zimt
* ½ TL Zucker
* Salz und frisch gemahlener schwarzer Pfeffer
* 30 g *kefalotyri* (griechischer Hartkäse) oder Parmesan, gerieben
* 2 EL Semmelbrösel (nach Belieben)

Für die Béchamelsauce
* 175 g Butter
* 100 g Mehl
* 1,4 l Milch
* Salz und frisch gemahlener schwarzer Pfeffer
* 1 Prise geriebene Muskatnuss
* 2 Eier, verquirlt (nach Belieben)

sämige und völlig klumpenfreie Sauce entsteht. Mit etwas Salz, Pfeffer und Muskatnuss abschmecken. Die Sauce leicht abkühlen lassen; erst dann die verquirlten Eier (falls verwendet) einrühren.

6 ─────────────────────────

Eine ofenfeste Form (23 x 33 cm) mit der Hälfte der Auberginenscheiben auslegen. Die Hälfte der Fleischsauce darauf verstreichen.

Nun die restlichen Auberginenscheiben einfüllen und darüber den Rest der Fleischsauce verteilen. Gleichmäßig mit der Béchamelsauce übergießen. Mit geriebenem Käse und den Semmelbröseln (falls verwendet) bestreuen. Die Moussaka im vorgeheizten Ofen überbacken, bis nach etwa 1 Std. der Käse eine goldbraune Kruste gebildet hat. Aus dem Ofen nehmen und etwa 20 Min. abkühlen lassen. Erst danach in viereckige Stücke schneiden und servieren.

NIKOS NTANOS

Nikos Ntanos besuchte die Staatliche Gastronomieschule in Thessaloniki. Nach seinem erfolgreichen Abschluss sammelte er praktische Erfahrungen in Hotels und Restaurants in Griechenland, Italien, England und Frankreich. Seit einigen Jahren kann man ihn in Griechenland und im Ausland als Koch für Veranstaltungen im privaten Rahmen mieten und so von seinem Können profitieren. Außerdem veranstaltet er Kochkurse für Profis und Amateure. Nikos berät Herausgeber von Publikationen im Food-Bereich und ist als Corporate Chefkoch für Lebensmittelhersteller sowie für Unternehmen tätig, die auf Küchenausstattung spezialisiert sind. Ganz besonders mag er Gegartes vom Grill, und er könnte jeden Tag Fisch essen. Zusammen mit seiner Frau Stella hat er drei Kinder.

Anmerkung der Herausgeberinnen zu den Rezepten in diesem Buch

Eine der Kernideen dieses Kochbuches war, dass jene, die in ihm vertreten sind – allesamt ausgewiesene Griechenlandfans – uns ihr Lieblingsgericht oder -produkt und dazu Rezepte nennen, die auf ihrer persönlichen Beliebtheitsskala ganz oben stehen. Viele von ihnen, die entweder als Profiköche tätig sind oder aber mit Leidenschaft zu Hause kochen, sind unserer Bitte mit eigenen Rezepten gerne nachgekommen. Andere hingegen baten darum, unsererseits Rezepte bereitzustellen, zum Beispiel für ein klassisches griechisches Wohlfühlessen wie etwa Moussaka, Weiße-Bohnen-Suppe, gefüllte Weinblätter, griechischer Salat oder gefüllte Tomaten. Einige blieben eher vage und gaben an, gegrillten frischen Fisch, Lammbraten, Souvlaki, Oktopus oder Joghurt besonders zu mögen. Für die beiden letztgenannten Gruppen haben wir in unseren eigenen Koch- und Notizbüchern gestöbert oder aber unseren Profikoch Nikos Ntanos um Rat gefragt. Obwohl er Anfang dieses Jahres Vater von Zwillingen wurde, arbeitete Nikos unermüdlich daran, neue Rezeptinterpretationen alter Klassiker zu präsentieren. Damit hat er zugleich den Beweis erbracht, dass kulinarische Traditionen umso interessanter werden, wenn man sie neu interpretiert.

Dieses Buch zeigt vor allem die tiefe Verbindung zwischen Essen und erinnertem Erleben auf. So gesehen besitzt jedes Gericht in diesem Buch eine besondere Qualität, da es etwas über die jeweilige Person wie auch über Griechenland aussagt. Wir würden uns sehr wünschen, dass, wenn Sie die hier vorgestellten Rezepte nachkochen, Sie dies im Geist griechischer Lebenskultur tun: setzen Sie sich mit der Familie und Freunden zusammen, um gemeinsam zu speisen und dabei zu plaudern, zu diskutieren, zu streiten und zu lachen. Denken Sie daran, dass die Griechen sich immer Zeit nehmen für ihre Mahlzeiten. Jedes Essen ist ein Ereignis. Es könnte auch für Sie zu einer Erinnerung werden, die sich zu anderen an gemeinsam genossene Mahlzeiten früherer Tage gesellt.

Index

Ευρετήριο

Nachwort

Stellen Sie sich vor, Boroume sei ein Kochtopf.
Sie heben den Deckel. Und was finden Sie?

Ein Rezept. Ein einfaches Rezept, das ich zusammengestellt habe, als ich mir der zunehmenden Ernährungsunsicherheit und zugleich einer schrecklichen Lebensmittelverschwendung in Griechenland bewusst wurde. Die Zutaten waren alle vorhanden, aber ich war zunächst zu benommen, um zu erkennen, wie man sie zusammen für eine gute Sache nutzen könnte:

1. große Ernährungsunsicherheit
2. tonnenweise verschwendete Lebensmittel
3. großartige Kommunikationsmöglichkeiten über das Internet
4. knappe persönliche Ressourcen (Zeit, Geld)

Mehr als alles andere drängte es mich, einen neuen Weg zu finden, um sie auf konstruktive Weise zusammenzubringen. Das Thema „Lebensmittelrettung" hatte ich seit meiner Studienzeit in London auf dem Schirm – damals waren mir ständig lokale Initiativen aufgefallen, die sich dafür einsetzten. Dies gab letztlich den Ausschlag dazu, dass ich mich 2005 als ehrenamtliche Mitarbeiterin der „griechischen Lebensmittelbank" anschloss. Aus meinen Erfahrungen dort habe ich eine Menge gelernt.

Mir wurde bewusst, dass die Zahl derer, denen es in Griechenland an Nahrung mangelt, wuchs, während es andererseits schwierig war, Unternehmen und Einzelpersonen zu bewegen, Lebensmittel zu spenden, wo sie doch selbst einer unsicheren Zukunft entgegenblicken.

Was konnte man tun? Ich war überzeugt: Da war mehr möglich. Wenn es ein Problem gibt, muss dafür auch eine Lösung existieren. Oder, wie es der Philosoph Ludwig Wittgenstein formulierte: Wenn sich eine Frage überhaupt stellen lässt, so kann sie auch beantwortet werden.

Es muss ein „Rezept" geben, um den Überschuss an Nahrungsmitteln anzuzapfen, bevor er auf dem Müll landet, und somit beizutragen, dem gleichzeitig wachsenden Mangel an Lebensmitteln entgegenzutreten. So viel Überfluss in einer Gesellschaft auch herrschen mag, es ist absurd und unbegreiflich, wenn man der Verschwendung wertvoller Ressourcen tatenlos zusieht. Indem ich diese Bausteine zusammensetzte, kam ich auf ein simples, kosteneffizientes und nachhaltiges Programm, das Menschen, denen es an Nahrungsmitteln mangelt, mit jenen zusammenbringt, die über Essen verfügen, das sie nicht brauchen. So wurde am 3. Mai 2011, dem Geburtstag meines jüngsten Sohnes, die Idee für Boroume geboren.

Wenn Ihnen Ihr Verstand und Ihr Herz sagen, dass Sie etwas auf dieser Welt verbessern wollen, dann kommt der Rest wie von selbst. „Unser Glas ist immer voll", befand der Dichter Nikiforos Vrettakos. Sobald es Ihnen gelingt, die Dinge aus dieser Perspektive zu betrachten, eröffnen sich unendliche Möglichkeiten, dem Leben mehr Sinn und Wert zu verleihen.

Ich hoffe, dass dieses Buch auch andere auf ganz eigene Weise inspirieren möge. Immens dankbar bin all jenen, die Boroume zu dem gemacht haben, was die Organisation heute ist. Wer jetzt beim Lesen lächelt, wird wissen, dass er oder sie damit angesprochen ist! Besondere Dankbarkeit schulde ich darüber hinaus meinen sehr geschätzten Lehrern, die mir vermittelten, dass die einzige Art, das Leben sinnvoll zu gestalten, darin besteht, anderen zu helfen.

Xenia

Xenia Papastavrou

Bildnachweise

Cover hinten: © Antonios Mitsopoulos

Food Fotograf: Antonios Mitsopoulos | www.mitsopoulos.eu
Außer S. 137: © Courtesy of Nobu Matsuhisa
Food Styling: Natasha van Velzen | basics.berlin

Toque Icon für Special Tipps (z.B. S. 17) von The Noun Project; noun 175208
Crossing Cutlery Icon auf S. 199 von The Noun Project; noun 105560

S. 4: © Prinz Nikolaos, S. 10: © Maureen Dalby, S. 11: © Prinz Nikolaos,

S. 16: © Nikolas Kominis – Studio Kominis, S. 20: © Courtesy of Arianna Huffington,

S. 24: Courtesy of Bob Costas, S. 25: © Prinz Nikolaos, S. 28: © Martin Morrell,

S. 29 © Prinz Nikolaos, S. 33: © Prinz Nikolaos, S. 36: © Courtesy of Cat Cora,

S. 37: © Prinz Nikolaos, S. 40: © Courtesy of Chris Chelios, S. 44: © Courtesy of Christian Karembeu,

S. 48: © Ashley Barrett, S. 49: © Prinz Nikolaos, S. 52: © Lincoln Russell,

S. 53: © Prinz Nikolaos, S. 58: © Courtesy of DSqaured, S. 59: © © Prinz Nikolaos,

S. 62: © Courtesy of Dean Karnazes, S. 66: © Laurie Constantino, S. 67: © Robert McCabe,

S. 72: © Courtesy of Diane Kochilas, S. 73: © Prinz Nikolaos,

S. 80: © Terry Richardson, Courtesy of Diane von Fürstenberg,

S. 84: © Courtesy of Prinzessin Irene, S. 85: © Prinz Nikolaos, S. 90: © Art Streiber/AUGUST,

S. 96: © Stonewall Kitchens, S. 100: © Kathleen Metcalfe, S. 105: © Prinz Nikolaos,

S. 107: © Prinz Nikolaos, S. 108: © Jean Malek, S. 112: © Courtesy of Mary Katrantzou,

S. 113: © Prinz Nikolaos, S. 116: © Lisa Linder, S. 120: © Prinzessin Tatiana, S. 125: © Prinz Nikolaos,

S. 128: © Courtesy of Nikos Aliagas, S. 134: © Danielle Liu www.Daniellexpo.com, S. 135: © Prinz Nikolaos,

S. 138: © (oben) Christian Oth, (unten) Robert McCabe, S. 139: © Prinz Nikolaos,

S. 144: © Melissa Christopoulos, S. 150: © Kirsten Lara Getchell, S. 151: © Prinz Nikolaos,

S. 154–155: Robert McCabe, S. 158: © George Vdokakis, S. 159: © Robert McCabe,

S. 164: © Courtesy of Sophia Vari, S. 165: © Prinz Nikolaos, S. 170: © Prinz Nikolaos,

S. 176: © Courtesy of Tatiana Casiraghi, S. 180: © Courtesy of Giancarlo Giametti,

S. 181: © Prinz Nikolaos, S. 182: © Courtesy of Giancarlo Giametti, S. 184: © Jeremy Cowart,

S. 190: © Ioanna Tzetzoumip, S. 194: alberto conti - contrasto, S. 195: © Marco Brescia / La Scala,

S. 198: © Courtesy of Nikos Ntanos, S. 206: © George Skondras

Impressum

© 2016 teNeues Media GmbH & Co. KG, Kempen

Vorworte & Epilog: Tatiana Blatnik,
Diana Farr Louis, Alexander Theodoridis,
Xenia Papastavrou
Übersetzung: Susanne Vogel
Lektorat: Daniela Luginsland
Design & Layout: Christin Steirat
Projektmanagement: Regine Freyberg
Herstellung: Nele Jansen
Bildbearbeitung & Proofing: Jens Grundei

Published by teNeues Publishing Group

teNeues Media GmbH & Co. KG
Am Selder 37, 47906 Kempen, Germany
Phone: +49 (0)2152 916 0
Fax: +49 (0)2152 916 111
e-mail: books@teneues.com

Press department: Andrea Rehn
Phone: +49 (0)2152 916 202
e-mail: arehn@teneues.com

teNeues Publishing Company
7 West 18th Street, New York,
NY 10011, USA
Phone: +1 212 627 9090
Fax: +1 212 627 9511

teNeues Publishing UK Ltd.
12 Ferndene Road,
London SE24 0AQ, UK
Phone: +44 (0)20 3542 8997
teNeues France S.A.R.L.
39, rue des Billets,
18250 Henrichemont, France
Phone: +33 (0)2 48 26 93 48
Fax: +33 (0)1 70 72 34 82

www.teneues.com

ISBN: 978-3-8327-3363-6
Gedruckt in Spanien von Estellaprint

Bibliografische Information der Deutschen Nationalbibliothek. Die Deutsche Nationalbibliothek verzeichnet
diese Publikation in der Deutschen Nationalbibliografie;
detaillierte bibliografische Daten sind im Internet
über http://dnb.d-nb.de abrufbar.

FSC
www.fsc.org
MIX
Papier aus ver-
antwortungsvollen
Quellen
FSC® C009279